运河之源

水上船家

锦随河来

运河民俗

浙江文化艺术发展基金资助项目
PROJECTS SUPPORTED BY ZHEJIANG CULTURE AND ARTS DEVELOPMENT FUND

运河
2500年

沈小玲 著

宴鸟 绘

浙江人民美术出版社

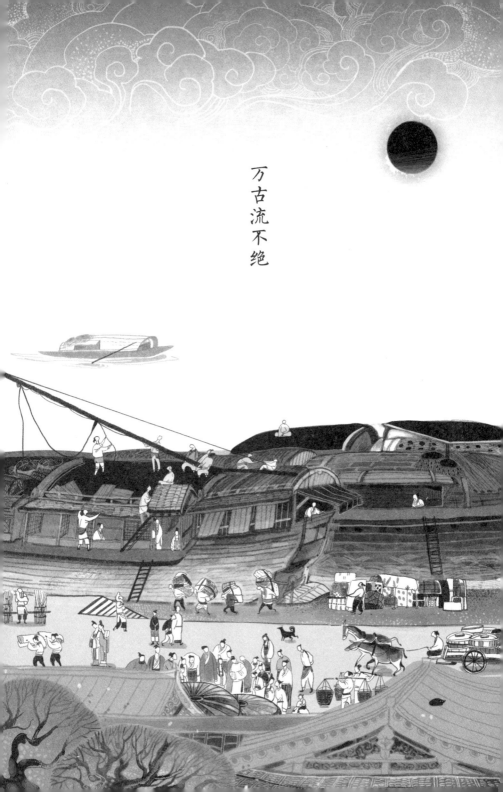

万古流不绝

目录

第一章

说古道今看运河

公元前486年的某个吉日，吴王夫差下令开邗沟。

2500多年来，运河的前世今生极其壮阔。

第一节

邗沟，邗沟

此刻，我在扬州，立于邗沟旁。

邗，一个生僻字，常被人念错音。可在扬州，它是高频字，邗沟、邗水、邗江、邗上、邗城等词语屡屡冒出，"邗"字被命名于一道沟、一江水、一条路、一个街道和区域。

"邗"的印记，扬州城随处可见。

从此，我记住了春秋时代的古国名——邗，无意中得知了一小段历史：春秋晚期，邗被吴王夫差灭了，邗城变作吴王夫差统治版图的一部分。

讲吴王夫差，兴许世人会马上想起美女西施。文学作品中，西施的故事有很多。夫差的结局过于奇幻，世人叹息一声，丢出一句："吴王耽于美色，最后亡国了。"

世人关注吴王和西施的情爱纠葛，评论夫差进军中原的光辉业绩，常忽视喜欢征战的夫差还有一个身份：运河开凿第一人。

公元前486年的某个吉日，吴王夫差下令开邗沟。

士兵操持着形状各异的工具，在大地的胸膛上，似扯拉链一样，哗啦啦地开口子，挖土、运石、开沟、铺路。口子越挖越大，越挖越长，最后，口子被水塞满了。

当年夫差站在邗沟旁，看着运河第一股水汩汩流过，定不会料到，他始挖的运河会绵延2500多年，会一直在中国大地上流淌，有一天变成十字交叉的河，一条河穿过另一条河，直至成为世界独一无二的河，一条给中国文化带来深远影响的河。

吴王无意间让夫差的名字永远留在运河上。

凭一条河，夫差名垂青史。

吴王挖邗沟与他远大的志向有关。

春秋时期有100多个大大小小的诸侯国，诸侯国之间战争频频。今天你来打我，明天我去打你；今年这个国灭了那个国，明年那个国被另一个国灭了。打来打去，灭来灭去，只剩下实力较强的十多个国家，如齐、晋、楚、秦、鲁、卫、燕、韩、赵、魏、宋、陈、蔡、郑、曹、吴、越等。

危险时刻来临，国家安全如头悬利剑。君主们要想活得更好，得想办法强我国家，富我人民。

很巧，夫差是位特别有抱负的君主，一心想成为一代霸主。他击败西方的楚国和南方的越国后，胸中的欲望像秋天的枯草，一点就着火。

好！为梦想，攻打北方的齐国去！

"兵马未动，粮草先行。"北伐齐国必定要做好充分准备，得考虑官兵的军械、粮草、被服运输。从海上走好像不行，大海上风浪莫测，只怕装备应付不了，会被卷走，去见虾兵蟹将。走陆路好像也不行，修一条通畅又能急行军的路，难似登天。

"走水路吧！水路稳。"

"我们的水路不够长啊。"

"不够长就拉长嘛。我们的水军作战英勇，还会开河，会造船，会航运。"

身处太湖流域的吴国，大小湖泊遍布，平常就是"以船为车，以楫为马"。水路与陆路比，天然占优势。

挖水路，必然。

"挖水路！"一锤定音。

夫差的士兵在邗城边开挖，一一连通长江、淮河之间密布的河、湖、港、汊。一条从扬州到淮安的运河就此形成。以古邗城为起点的运河，拥有一个固定名字：邗沟。

邗沟，童年运河的名字，这个乳名一直响亮至今。

称霸中原光凭这一条军事运河，到不了目的地。中原，远着呢。那就继续挖，一直挖，挖空心思挖。

夫差几次开凿运河，沟通了钱塘江、长江、淮河、黄河四大水系。他把运河要穿越的最后一条水系——海河的作业，留给了几百年后的曹操。

万事俱备。

自此，夫差的军队从长江沿运河顺风顺水进入淮河，再逆流而上，直挺中原。

然而，随运河快速北上的夫差终究还是差了一口气，没能完成宏愿。这当中越王勾践的"功劳"最大。

夫差和勾践是毕生宿敌，斗得你死我活，勾践的父亲杀了夫差的父亲，夫差俘虏了勾践，报了父仇。之后，勾践著名的"卧薪尝胆"的故事拉开序幕。夫差北伐，国内空虚，勾践釜底抽薪，抄了夫差的大本营，顺便俘虏了夫差的儿子——吴国的太子。最终，夫差自刎。吴国亡了。

作为帝王君主，夫差和勾践都想做强自己的王国，为了理想，他们选择了一条共同的强国之道：挖运河。

在越地时，勾践从山区地带向平原扩展，先建小城，再扩展为大城。南国越城天然河港纵横，一片江南好风光。勾践规整沟、渠、河、海，修凿山阴古水道，把越国的首都会稽（今绍兴）与铁岭关（今浙东运河西端的西兴）连接在一起，顺带串联了湘湖、白马湖、钱塘江。

尔后，越国都城的水路通达四方，连接海上航道，并与吴国贯穿。

又一条军事运河出世，越国连接了吴国。

勾践"十年生聚，十年教训"被后人传颂，山阴古水道发挥了重要作用，成就了勾践的春秋霸业，让越国实现了第一次腾飞。

一不留神，勾践也开创了一条运河。这条运河有个专属名字，后人称之为浙东运河，与隋唐大运河、京杭大运河同属中国大运河家庭。

不过，夫差的运河第一锹选在扬州，让扬州成为中国大运河的原点城市。

那一刻，像丑小鸭想不到会变成美天鹅一样，邗城扬州也料不到自己将来会成为全球重要的繁华城市之一，宛如今天的上海、香港、北京。

第二节

隋唐大运河

运河对隋王朝来说意味着中国大地东西南北贯通，中国历史上第一次实现大一统。

当隋炀帝杨广下令开挖运河时，他已经想得很透彻了。魏晋南北朝时期，战乱连年。等到隋炀帝登基时，作为王朝统治者，他必须控制住全国的政权。于是，他把国都从他老爹的西都长安（今西安）向东移，至华夏文明起源地"天下之中"的东都洛阳。

在北面，为防备突厥和吐谷浑，隋炀帝开始在边境布兵驻守，但北方的粮食供给是大问题。民以食为天，没有吃的，保不准士兵哪天说不干就不干，抄起家伙便跑了，那会直接影响皇权稳固。南方物产丰富，南粮北运，士兵吃饭的事即可轻松解决。

如果有了运河，对江南和北方地区的政治统治，将会牢牢地攥在自己的手掌心。

运河可驶船，船上可运人、运畜、运货、运兵器，想运什么就运什么。在军事运输上，运河有着得天独厚的优势。何况隋炀帝还要去攻打辽东的东莱（今山东莱州）和涿郡（今北京）呢，没有运河，那怎么行。

对隋炀帝挖运河的动机，民间流传着各种传说，为明清时期的部分小说提供了素材。隋炀帝是为了下扬州看琼花，《隋唐演义》便是这般写的。

史书对隋炀帝的评价褒贬不一。皇帝死后皆有谥号。《谥法》中"炀"字指君王逆天虐民、离德荒国、薄情寡义等。"炀"是恶谥，被封此谥号的皇帝历史上仅四位，隋炀帝位列其中。

真想不到，"炀"帝会为中国赢得世界运河帝国的美名。

公元605年，隋炀帝下令开挖运河。

打开隋代地图，我们找一找隋炀帝挖运河的路线：

从运河原点城市扬州邗沟出发，直抵洛阳，经过安徽淮河流域、河南东北部、黄河流域；从东都洛阳出发，直达涿郡，路过河北东南部、海河流域；从邗沟出发，直至余杭（今杭州），穿过常州、无锡、苏州和太湖东岸。

三条线路，人字造型，运河形成了通济渠、邗沟、永济渠、江南运河四段格局。

至公元610年，仅6年时间，隋炀帝征用的300多万民工，凿通了2700多公里，凿出了世界最长的运河。

在《汴河怀古》中，皮日休一反世人观点，对谥号"炀"的皇帝做出评价："尽道隋亡为此河，至今千里赖通波。若无水殿龙舟事，共禹论功不较多。"

且看皮日休眼中隋炀帝开凿运河的功绩：

中国的地形东低西高，水是向东流的。运河开通，南北全线贯通，相隔距离甚远、各自向东流的海河、黄河、淮河、长江、钱塘江五大水系连在一起，从西往南、从北至西、从南向北，皆可走水路，日行几里、十几里都行。东西南北中，全部都沟通。猛然间，隋炀帝发现国土都在自己手掌心攥着呢，即便边境也不再遥远。

有河便有船，船要停靠，人要休息，码头修好了。码头边，人越聚越多，旅馆、饭店、娱乐场所、管理机构建成了。

繁华城市一茬接一茬，政治中心、经济中心、文化中心，各种中心城市因运河而生。运河的原点城市扬州、中点城市洛阳、终点城市北京变成世界级的都市。

江浙的吴越文化、中原的传统文化、北方的游牧文化，随着运河船只移动，互相渗透、影响，文化逐渐多元、鲜活、生机勃勃。国际文化交流随之而来，文化传播越来越远，直至地中海及中亚，运河之流与丝绸之路相融，影响后世。

后面的事，隋炀帝是想不到的，隋唐大运河悄悄地给唐朝盛世做了准备，为唐文化走向世界奠基。没有隋炀帝缔造的运河，大唐盛世会打折。隋朝短，唐朝长，这应该算是隋炀帝为唐王朝做嫁衣吧。

运河与长城一样，成为世界上伟大的工程，成为历史上伟大的奇迹。

单凭一条运河，世人就得重新评判隋炀帝。

只可惜，隋炀帝描绘的500年宏图大业，他却想浓缩在5年内完成。

悲剧不可避免地发生了。

开凿运河代价惨重，挖河民夫尸横遍野。各种民怨叠加，犹如火山口冒烟，地火沸腾。

老百姓揭竿起义，野火烧尽隋王朝。因运河而起的隋炀帝，结果还是因运河而亡。

之后的500多年间，隋炀帝开凿的运河一直在使用，唐朝、五代、北宋，直至南宋，均用得如意。

不过，各个朝代的统治者从维护阶级利益出发，都对运河做过些修补。

名画《清明上河图》里的汴河是运河中的一段，是隋唐大运河的首期工程，连接黄河和淮河。它还有个名字叫通济渠，引了黄河水，水中沙子多。通济渠常不通，会淤塞；还不济，有时船只过不了河。几乎年年要疏浚，隔几年要大修一次，唐玄宗曾组织过几万人的修补队伍。至北宋，王安石甚至开挖了一条50里长的新运河，更换了水源。

唐宋时的淮扬运河、江南运河、永济渠全有疏凿和完善的文字记载。

漫长的500多年里，运河一直滋养着隋、唐、宋的人民，为王朝帝国尽心流淌。但某天，一位伟大的人物在长久斟酌酝酿后，拉直了运河。

隋唐大运河孤寂地落幕。

第三节
京杭大运河

我立于390多岁的杭州拱宸桥上。朝阳照着运河边的古建筑，也照在南来北往的船只上。

假若你在船上见到一座高高的石拱桥，三孔、薄墩、联拱驼峰，京杭大运河的南端终点便到了。

拱宸桥是标识。

"你们是去北京的吗？"

"你们是从北京来的吗？"

来往船只不徐不疾，从镇水神兽趴蝮旁穿桥而去，没人回答我的问话，传到桥面的只有马达的轰鸣声。

说京杭大运河，得谈元代建都。公元1271年，元朝建立，在大都（今北京）建都城。从隋朝、唐宋以来，金继承辽的五京制度，曾在中都（今北京）建过国都。

元朝让北京第二次成为首都。

元世祖忽必烈选大都，原因只有一个：为了国家稳定。

作为历史上中国最大版图的缔造者之一，忽必烈打下了辽阔的疆域。他发现北京在东西南北的交汇点上：向前，即可挥师南下，铁骑踏遍，一旦起战事，物资供给方便；退一步，回漠北老家挺容易的，带上老婆孩子，卷起铺盖细软，跨上千里良驹，瞬间不见人影。

大都遂成为元朝的政治中心。

如果书写运河大事记，在1275年，定要浓墨重彩地记上一笔：著名科学家郭守敬提出拉直隋唐大运河的设想。

忽必烈翻开郭守敬上报的方案，他的手指在漕运线路图上来回移动。

郭守敬给忽必烈算了一笔账：漕船从富裕的南方余杭（今杭州）到大都，洛阳是必经之路，所有船只得从洛阳中转。船只过洛阳，线路长，运输成本大。运河连接黄河，个别河段泥沙堆积，无法通航，维护运河投入的是真金白银。走海路，年年发生沉船事故。海路不能直达大都，剩余路程还得转运货物走陆路，运输用的牲畜死伤多。因此走运河最划算。

忽必烈的手指停在大都的位置，他往前一瞄准，笔直地指向了余杭。

从大都出发，船只一直向南，便可到余杭。好似不走三角形的两边，直接抄底部过，把隋唐大运河的一撇一捺，拉成了一条有点小弯曲的"直"线。

这是一条捷径啊。

拉直运河，关乎国家命脉。元朝统治者无法回避，无法迟疑。但前几年忽必烈忙着与宋打仗。直到1281年，忽必烈才腾出心思，下令开凿济州河。至1293年，京杭大运河全线贯通。

瞧一瞧当年元朝京杭大运河的全家福：

在北京通州，通惠河连接温榆河、昆明湖、白河；从通州至天津，利用潮白河的下游挖成北运河；天津到临清，在卫河的下游凿出南运河；汶水、泗水的水源汇成鲁运河，从临清去台儿庄，沿途经东平湖、南阳湖、昭阳湖、微山湖等天然湖泊；中运河在台儿庄至清江段；里运河入长江，是清江往邗沟的；江南运河从扬州、镇江达杭州。

运河形成七个河段，途经北京、天津、河北、山东、江苏、浙江六省市。

元代京杭大运河与隋唐大运河比较，距离相差巨大——缩短近1000公里。

1000公里相当于浙江杭州到山东烟台的距离。如果汽车时速100公里，驾驶员不吃不喝，得匀速开10小时；拉纤的帆船1小时走3公里，纤夫不磕不碰，得拉330多小时；坐有动力的机船，假设每小时8公里，船老大不眠不休，要开125小时。

这些是指在不出意外的理想状况下，不遇雨雪天气，水面不结冰，过闸不花时间，没有天灾和人祸。

节省1000公里的时间、路程、精力成本，无异于第一颗卫星上天般惊人。

明清历时543年，除朱元璋在应天（今南京）建都外，之后的皇帝都以北京为京师，延续元朝的选址，首都没有再变。那是因为京杭大运河运来了帝国所需要的一切。

大地史诗般的京杭大运河如长城，是中华民族文化身份的象征。600多年间，京杭大运河在元、明、清三个王朝发挥了巨大作用。

原点城市扬州、南端起点城市杭州富得冒油。苏州、淮安、济宁、滕州、临清、天津等商业城市如春风拂过树枝，一片片嫩叶挂在枝头，变成耀眼的城市。

京杭大运河成为南北交通要道，运河水流到哪里，经济繁荣就到哪里。

意大利旅行家马可·波罗在《马可·波罗游记》中对多个运河城市作了详细记载，他说济宁"船只多得令人难以相信"，他称杭州"商人如此之多和如此之富，难以言语形容"。外国人惊叹有趣，能让见多识广的旅行家词穷，的确值得骄傲。

北运河最鼎盛时，每年漕运的船只2万多艘，官兵12万多人，商船3万多艘。如果把这些数字放在186公里的北运河上，可见运河有多繁忙，运河两岸有多繁华。

造船、航运、水利等工程技术成就卓越，令世界瞠目。

在年份不好的时节，统治者利用漕粮开仓赈灾，施粥、施米、施粮，老百姓能填饱肚子，至少冲击官仓、抢夺官粮的心思就淡了。社会动荡得到缓解，王朝稳定得以维护。南方富庶，南粮北调，帝国的军事体系有物质后盾，打起仗来从容不迫。大都对全国的控制仿佛八爪鱼般，巴得牢牢的，天涯似乎咫尺。

明清帝王沿用元朝的京杭大运河，除对运河进行修缮、改良、完善外，没有大范围偏离过航道。

余晖下，拱宸桥前的运河浮光跃金，江南的春风吹不到埋葬忽必烈的漠北。吴王夫差、隋炀帝、忽必烈为了野心开凿邗沟、隋唐大运河、京杭大运河，帝王的命运很相似，结局差不多，运河没能完全实现帝王的梦想，却日夜不歇地滋养两岸百姓，织就连片城市。

我静静地看着被忽必烈拉直的运河。

第四节
运河式微

扬州中国大运河博物馆里有一张图片，画面中间的土地寸草不生，裂开诸多口子。在运河博物馆特定场所，不用再读文字说明，参观者一眼就能看明白，那定是运河干涸的河床。

真是吝啬，不给运河留下一滴水。

作为人工河，运河需要充沛的水资源供给，没有水，便不能"运"，成不了"运河"。

运河水流着流着，在某些河段，竟然静悄悄地断流，甚至永远枯竭了。这在引黄河水的运河河段尤为常见。黄河流域如果降雨量减少，运河水位会随之持续走低，地表水逐渐下降。

某一天，老百姓发现家门口的运河不动了，河床里没水了，河底朝天了，乃至摇身一变，成陆地了。

管理运河是历朝历代的大事，统治者不敢掉以轻心。黄河水自带泥沙，沙子沉淀后，河床自然变高，河道淤塞不可避免。运河不是挖出来的吗？那就再挖深、挖宽、挖长，挖到贯通为止。

这不是没干过，而是经常如此做。与汽车要定期保养，做抛光打蜡相似，运河开通后，得定时做体检，该修便修，该换即换。

从隋炀帝开始，唐、宋、元、明、清的统治者没有哪位敢不做，只是投入着实巨大。不说挖运河的经费，光修修补补的费用也不得了。到清朝，政府每年要拨1000万两白银治理河道。

对。我没写错，是1000万两白银。

查找有关资料发现，清朝中期一年税收大概是七八千万两白银。修理运河，全年七八分之一的税收要"打水漂"。

一两白银值多少钱？

有人综合各种资料换算过，清朝中期一两白银相当于如今的人民币700多元。

1000万两白银合计多少人民币？

但运河支撑着帝国的经济命脉，维护着国家的长久平安，运河有问题，那是重大事件，运河不得不修。何况漕船不等季节，一到时间点，京城人就立在水边眼巴巴地等待漕船归来，漕船误点，必出大事，治河不能拖泥带水。

清朝后期事情特别多，战事频发，内忧又外患，皇帝和大臣忙着灭"火"，但"火光"依旧四溅。

1842年，英军侵犯江苏镇江。镇江在运河与长江的交汇处，是运河的重要城市。镇江，名副其实的"镇"江，这座城市牢牢

"镇"住长江，扼住长江的咽喉。船只一旦过不了镇江，清政府的南北运输即刻会被拦腰截断，漕运就会崩溃。

屋漏偏逢连夜雨。

1851年，太平天国运动爆发。14年间，起义军在江苏、浙江、安徽、江西、湖北等地活动。运河上的漕粮成为起义军的攻击目标，劫粮事件屡屡发生，最重要的征粮地——江浙一带的漕运遭受毁灭性打击，南方北上的漕粮说没就没。北京城等不到往年按时出现的漕船，粮食没有了，丝绸没有了，瓷器没有了，药材没有了。

一波未平一波又起，战争幽灵一直在运河上空盘旋。1853年，捻军起义。16年间横扫河北、山东、山西、陕西、河南、湖北、安徽、江苏，多个运河省份的漕运遭到打击，漕粮屡屡被抢。

运河劫难重重，运河畅通有阻。但京城的皇亲国戚、王公大臣、普通百姓的日子还得过，往年漕船上的货物一样也省不了。运河运不了，得找其他法子。

海运悄悄兴起。海运的船大，运得多。朝廷为鼓励海运，还免税。税收是一笔不小的开支，双赢啊！

运河式微了。

其中一个重要因素是运河管理、服务的人出了问题。无数人以运河为生，各种分工繁杂。

扬州中国大运河博物馆有一张明朝各省规定的漕粮份额数据

（见附件），全国各地一年运到都城的粮食总量是天文数字。运输如此海量的漕粮，服务人员同样众多。明政府在中央先后设立一系列职务：漕运使、漕运总兵官、漕运总督；在地方，还有大大小小的漕运专门官员。运送漕粮的官兵人数有12万多。漕运人员越招越多，人比事多，因人设岗，还衍生出专门的帮派——漕帮。

晚清后期，漕运官员贪污腐败，中央、地方和漕帮的利益纠缠不休。缺斤少两、掺杂碎石、倒卖、藏匿、偷盗、内外勾结……

一句话：漕运，烂透了！

1901年，清政府下令停止漕运。

1904年，清政府撤销漕运总督。

至此，走过500多年辉煌之路后，2000多年的漕运历史徐徐地拉上了帷幕。

当然，没过几年，一个庞然大物横空出世——火车驶来了！

1912年，津浦铁路全线通车。铁路运输兴起。在运河上，如果遇上可怕的天气，比如暴风雨之类，或是误了时辰，没赶上运河结冰前到，走上一年半载是常有的。在船上停留越久，粮食耗损也越多，运粮人要吃饭，找不到吃的，只能吃自己运的粮食。火车便不同，从运河沿线城市开往北京，轰隆一响，几天或半个月即到，时间、成本节省，效率成倍地提高。

遇上天灾、人祸和不可挡的时代大潮，运河被抛弃了。

附件：明朝各省规定的漕粮份额

浙江630000石，江西570000石，河南380000石，山东375000石，湖广250000石，南直隶1794400石，苏州府697000石，松江府232950石，常州府175000石，应天府128000石，淮安府104000石，镇江府102000石，扬州府97000石，安庆府60000石，凤阳府60000石，徐州府48000石，宁国府30000石，池州府25000石，太平府17000石，庐州府10000石，广德府8000石。

第五节

运河再青春

"中国大运河项目成功入选世界文化遗产名录。"世界遗产大会执行主席敲下木槌宣布。

2014年6月22日，是值得我们永远铭记的日子。

这一天，在卡塔尔多哈举办的第38届世界遗产大会上，中国大运河（包括隋唐大运河、京杭大运河和浙东运河）八年申遗，终于圆梦，成为中国第46个世界遗产项目。

当喜讯传到国内，运河申遗牵头城市扬州、最北端终点城市北京、南端城市杭州和宁波、绍兴、嘉兴、湖州、无锡、淮安、济宁、临清、天津等所有运河城市都沸腾了。

运河欢腾，中国欢呼。

中国大运河申遗成功，证明中国在保护运河文化、增强民族自信、弘扬中国精神等方面，做出了卓越成就。

真巧，今天是6月22日，多年前的今日，申遗成功的荣光依旧清晰，恍若昨日。昔时为运河做的点滴全被记忆，一条路、一艘水上巴士、一个过塘行、一块碑，皆有故事。

杭州拱墅挖掘"千年大运河、繁华武林门"的文化底蕴，动员沿岸单位、企业、居民，还河于民，打通运河两边道路。沿河即可走遍运河。

春日，从武林门出发，顺着运河一路向北，杨柳依依，桃花灼灼，亭、台、楼、阁、桥穿插其中，心情随着美景而愉悦。逛运河的老百姓给散步取了个有意思的名字，曰：走运。

白天走运，晚上走运，还可夜游。水上巴士灯火璀璨，与岸边树梢、屋墙灯光呼应，光影如水银般流泻。外地游客来杭州，品完西湖，再夜赏运河，可亲身体验流动的千年文化。

杭州西兴是浙东运河的西端起点。2003年，杭州市出台《杭州历史文化名城保护规划》，把西兴老街捧在手心。灰暗斑驳的外墙、狭窄工整的街巷、小桥、流水、码头、水井、庭院，几户人家传来的谈笑声，依稀可寻昔日七十二爿半过塘行的热闹，似乎老百姓在——转运茶叶、棉花、药材、丝绸、木器……

运河街区被完整地活态保留。

在杭州塘栖，流传着一块石碑的趣事。1751年，乾隆南巡，查安徽、江苏、浙江三省漕粮缴纳情况。他一看，浙江从未拖欠漕粮。好！这个模范生要大书特书。

嘉奖浙江，以什么为证？

立碑。

这块碑最早立于广济桥附近，但不似广济桥高高在上，行人一回眸便可见。时代跟御碑开了个玩笑，它被深藏在一处民宅中，周围杂草丛生。狂风割过，烈日烤过，碑面颜色已不一。当地政府编制御碑保护方案，投入1500万元，给御碑遮蔽风雨的家和相称的环境。

自后，游人过广济桥，必去见御碑。

保护文物、疏浚水系、清理违建、修复岸线、建设场馆等，运河沿线如此的故事一筐又一筐。

继而，中国从申遗成功的喜悦中，快速转到运河保护的"后世遗"时代。中国政府恪守《世界遗产公约》，对流动的运河进行活态保护的感人事迹不断涌现。

2016年，《杭州市大运河世界文化遗产保护条例》顺利通过。在网上征求条例草案的意见时，网友留言众多。有网友说："为一条河专门出台一部条例，这是一座多么温暖的城市。"留言被网友反复转载、传扬。

一条河，一部法。

随后，浙江省内运河城市嘉兴、绍兴等地相继出台条例。

"现在公布《浙江省大运河世界文化遗产保护条例》表决结果：赞成61票，反对0票，弃权0人。通过！"

2020年9月24日，浙江省第十三届人民代表大会常务委员会第二十四次会议上，主持人一声"通过"，宣布又一部大运河保护条例正式诞生。

这是中国第一部关于大运河世界文化遗产保护的省级地方性条例。

运河的"保护神"除条例外，各省政府有管理办法和规定。

2019年2月，中共中央办公厅、国务院办公厅印发《大运河文化保护传承利用规划纲要》。大运河文化带建设上升为国家战略。

得到公约、条例、规划等珍爱，千年运河宛若古树抽出新枝，青春逼人。

坐上舒适的画舫，我从绍兴市越城区出发。运河两岸房屋高低错落，墙绘似吴冠中的笔法，寥寥几笔水墨，意境全显。纤道旁，荡起的水花冲击石头缝，芦苇、美人蕉、水生鸢尾从船边逐一拂过。

在姑苏古城坐水上巴士，听苏州评弹。船从古桥下穿过，我做了一个深呼吸，把新鲜水汽散发的清香留在心间。

我经过扬州运河三湾生态文化公园，当地人说过去的三湾是黑、白、灰。农药厂、制药厂、染化厂遍布，黑水、白垃圾，人人灰头灰脸。如今，中国大运河博物馆似一艘巨轮，在此地永久停泊。运河蝶变成生态走廊，岸美，水美，人也美。

《大运河文化辞典》《遇见大运河》《京杭大运河》《北上》，

运河辞典、舞剧、交响乐、文学作品陆续出现。举办运河国际文化节、世界运河城市论坛、中国运河城市联盟活动，政府和民间用不同方式讲好运河故事、中国故事、中华民族的文明故事。

2500多岁的运河芳华再现。

祝福中国大运河!

第二章

运河上的颗颗明珠

运河经过之处，城市拔地而起。扬州、北京、洛阳、杭州等城市似颗颗明珠，镶嵌在运河两岸。

第一节

扬州，运河第一城

在雅致的餐厅里，扬州美食上了一道又一道，热情的扬州人向我们细数扬州城的荣光：首批国家历史文化名城、世界美食之都、东南亚文化之都、淮左名都……

知晓江苏省地级市扬州的历史悠久，但听闻有如此多荣誉，我还是愕然。中国大运河申遗，扬州是光荣的牵头城市。扬州成为世界遗产城市，运河遗产点可用"遍布"一词形容。

这座古典的园林城市会让人感到莫名心安。

初夏，清风轻拂，瘦西湖湖水微微晃动。游船缓缓驶来，悠悠穿过古桥。岸边的标识牌记载，乾隆皇帝曾沿着运河来过此处。

《乾隆南巡图》画卷徐徐展开——

1751年，乾隆皇帝第一次南巡，画家徐扬记录了南巡情景。1000多艘巡幸船只，船尾连船头，船头接船尾。龙舟画舫华美豪奢，蜿蜒几十里，填满整条河道。船头旗帜被微风吹动，猎猎作响。岸边纤道上，纤夫着装齐整，用力拉纤前行。从码头边延伸30里，官员、士绅、百姓身着华服迎驾，路旁彩棚林立。

帝王们偏爱下扬州。

最有名的当属隋炀帝，他三次率船队下扬州。隋炀帝的龙舟长60米，高15米，皇后的翔螭舟比龙舟略小，王孙贵族的船只数千艘，船队绵延100多公里。

运河与扬州渊源深厚。

公元前486年，在邗城，邗沟出生，邗沟是运河的童年。公元前486年，扬州建城，邗城是扬州的童年。

邗沟和扬州同年出生，扬州是运河发祥地。

请打开地图，查找扬州身在何处。

扬州居于长江和运河的交汇处，上天赐给扬州优越的地理位置。南来北往的瓷器、茶叶、丝绸、药材、盐、铁等汇聚扬州，再被运到全国各处，运往世界各地。运河船只从扬州出发，向南往北，驶过大大小小的城市。

一代君王一朝代，运河被不断地开凿，漕运功能被持续放大。公元625年，唐高祖武德八年，扬州进入"繁华扬州城"的快速通道，开启中国运河第一城的"城生"。自此，赞颂扬州的诗文如扬州段的运河水，长流不停歇。

唐人徐凝一写便是《忆扬州》，标题够直白。《扬州潮》《过扬州》《扬州夜》《宿扬州》，好像标题不带"扬州"，诗人就会对不住自己炽热的情感。

唐宋各路文豪赞美扬州的诗句满天飞，一抓一大把，一抓即是誉满天下的名句：

故人西辞黄鹤楼，烟花三月下扬州。

天下三分明月夜，二分无赖是扬州。

腰缠十万贯，骑鹤下扬州。

人生只爱扬州住。

……

虽说标题中没有出现扬州，但诗句中扬州的霸气照样侧漏。帝王君主痴迷下扬州，文人墨客热衷下扬州，高人逸士沉迷下扬州。

唐朝末年，扬州的城市规模空前庞大，面积近17平方公里，只比长安城和洛阳城稍小一点。扬州迎来它的辉煌时刻。在《资治通鉴》中，司马光写道："扬州富庶甲天下，时人称扬一益二。"

初见"扬一益二"一词，世人会纳闷。其实，在唐宋的多种著作中，均可见"扬一益二"的文字记载。

安史之乱后，北方经济地位下降，长江流域地位上升。扬州、益州（今成都）成为全国最繁华的工商业城市，经济地位超过长安、洛阳。"天下之盛，扬为首"，益州物产富饶，两座城市被合称为"扬一益二"。

扬州城祖上业绩如此卓绝，出乎今人意料。

不承想，更大的震撼在后面。

康乾盛世时，因为盐运和漕运，扬州再次进入鼎盛时期。扬州成为全国食盐集散地，食盐销售量占全国一半份额。世人谈盐商，必讲扬州；讲扬州，定谈盐商。

查看地图会发现，扬州是个内陆城市，离海还有160公里。照理说扬州人跟盐的买卖有点远，但运河让生意不再难做，中国商人、世界商人云集扬州，什么生意都会做。

清代中期，盐商聚集的财富超过中国所有城市的财富。玉楼金殿，贝阙珠宫，盐商们给扬州留下了精美的园林艺术。乾隆连连赞美："扬州盐商……其居室园囿，无不华丽崇焕。"现代影视剧的播放更让古代的盐商故事广为人知。

1793年，英国马戛尔尼使团到扬州，他们这样描绘扬州段运河情景："至少有上千艘各种各样的船只。"

扬州不繁华，哪里繁华？

扬州不富庶，哪里富庶？

从邗城五线小城，跃升为超一线城市，扬州成为当时全球的繁华城市之一。扬州城祖上的"海拔高度"可与珠穆朗玛峰媲美。

没有对比，就没有伤害。清末，铁路兴起，运河式微，盐商凋零，曾经的超一线城市扬州逐渐衰落，昔时荣耀不再。

扬州，古语寓意为"巨大辽阔的地区"。中国大运河申遗成功，世纪曙光重新照耀扬州城。2500多岁的运河第一城，光荣和梦想再一次"巨大辽阔"。

扬州，加油！

第二节
运河上漂来北京城

"运河上漂来北京城。"

起初，我以为这是作者为博眼球写的标语。走过全国多地的运河城市，赏完各处不同主题的运河博物馆，找出运河书籍中隐藏的句子后，我才知此语并非妄言，北京城果真是运河上漂来的城，是无中生有的城。如果写北京城，我会借此句作标题，当一回名实相符的"标题党"。

苏州御窑金砖博物馆

听闻金砖，有人猜测是金子做的砖，至少也是贴金的砖。在苏州御窑金砖博物馆，世人见到了传说中的金砖，准确地说是二尺二、二尺、一尺七见方的御窑金砖。

博物馆展厅展示了一块金砖如何从一堆黄泥黏土华丽转身，

成为王朝统治者殿堂砖的修炼过程；一块块金砖坐上漕船，看遍运河风光，旅行到达京城；一组组金砖颗粒细腻、质地密实，敲打后发出金石之声，重现明清皇家建筑的辉煌时代。

不是金砖，胜似金砖。

故宫博物院

紫禁城是故宫博物院的前身。

昔时，永乐皇帝朱棣修建紫禁城，用的就是金砖。从苏州坐船来的800块金砖被铺在太和殿、中和殿、保和殿的地板上，可防潮，不湿滑，还光润耐磨。这样的砖，谁见谁爱。更绝的是金砖天生有一种特异功能，会让宫殿更加壮丽，尽显皇家气派，因此成为帝王家的装修首选。

时光倒流至1406年，那年，朱棣下令修建北京皇宫。

修建皇宫需要什么？

木头、石头、砖头……

北京城啥都有，但好像啥都缺，没有符合皇宫建筑要求的材料。帝王家装修，建筑用料极为讲究，都用与金砖同级别的珍品。北京城找不到，便去全国各地挑。

蜀地深山老林中的金丝楠木、房山的汉白玉石头、蓟县的五色虎皮石、苏州的金砖、临清的澄浆砖、易州的石灰……至1417

年，整11年，借助天然河流、运河，把所有建筑材料调集至北京。

其间，朱棣不忘治理运河，他疏通会通河，顺便加快了到苏州和临清大批量搬砖的速度。

1420年，紫禁城建成。

1421年，天子守国门的明成祖朱棣迁都。他带着老婆孩子、王公大臣、军队百姓，从他老爹朱元璋建立的都城南京出发，奔赴1000多公里外的北京，拎包入住紫禁城。

其实北京城不仅缺皇宫建筑材料，还缺粮食、金属、日常百货等。这些东西富庶的江南全数都有。运河不停歇地送来帝国王朝运转所需的战略物资，送来王公贵族把玩的珍奇宝物，也送来普通百姓需要的茶、盐、粮食。

照搬北京老话儿，北京城是漂来的。

"漂来的城市"这一名号妥妥地落在北京城头上。倚靠运河，漂来金碧辉煌的紫禁城，漂来繁荣昌盛的北京城。

北京，古都城

北京是六朝古都。古名一连串，上都、中都、大都、南京、燕京、蓟城、涿郡、幽州等，都是它的古称。

北京的历史和发展无一不是与水相关联。蓟城是燕国的国都，当年的北方大都会。隋炀帝看重蓟城是北方重要门户的地位，一直挖运河到北京。运河最北端城市北京走出了第一步，直至某天成为世界最著名的城市之一。

1271年，从北方草原上发展起来的忽必烈在北京建都城，北京首次真正成为国家的政治中心。为巩固王朝统治，解决最关键的京城缺粮问题，忽必烈把运河的版图截弯取直，像变魔术一样，拉直了隋唐大运河。从最北端的北京到最南端的杭州，运河航道距离缩短近1000公里。北京、天津、河北、山东、江苏、浙江……南北20多个经济区连接在一起。

运河的流通促进南北统一，北京成为全国焦点。

元朝之后，明、清都在北京建都，运河给首都带来发达的经济、繁荣的商业和兴盛的文化。

颐和园

颐和园是世界文化遗产，皇家园林典范。从1750年开始，至1764年建成。颐和园风格独特，兼有北方的壮美和南方的精致、皇宫的气势和民居的俏丽。

我常固执地把颐和园跟有花的树联系在一起，如玉兰、樱花、泡桐、木棉花、凤凰木，开花季节来临，满树花朵压低枝头，绚烂、夺目。这些树既有花的妩媚，又有树的坚毅。

坐在昆明湖的游船上，杭州人会觉得依旧是在西湖游玩，颐和园的西堤似西湖的苏堤。明代时，颐和园的外围大环湖景观被人称为西湖，颐和园上还有"西湖十景"。

船上游客指指点点，谈到某处说是借鉴苏州园林的，某地是模仿扬州园林的。

颐和园是集大成的中国古典园林。运河流通促进了南北文化交流、园林建筑交融。

通州

伫立在北京市人大的大院边，我看到夕阳下的通州运河波光闪耀，一片梦幻。2019年12月，《北京日报》刊发《大运河北京段，北京城市发展的又一重要"顶梁柱"》的文章，向世人介绍北京段大运河文化带的文物、生态、旅游、景观等构想。

通州，漕运通达之州。眼前的通州水道分汊，通达四方，确是通之州，堪当"顶梁柱"之大任。

"人类在地球上最伟大的单一作品。"在通州运河畔，我默念一位外国友人对北京的赞语。

昔日漕船上的官兵怎么也想不到，当年他们在运河上奔波，在漕船上忙碌，日复一日，年复一年，如蚂蚁搬家，竟搬来了国都气象的北京。

第三节

偏在洛阳东

洛阳，牡丹。

牡丹与洛阳，或者洛阳与牡丹，在世人眼里犹如一对姐妹花。说起洛阳，立马想到牡丹；谈及牡丹，立即说："洛阳牡丹最有名。"

洛阳牡丹是牡丹的一个品种，名气格外大，乃中国国家地理标志产品。喏，"唯有牡丹真国色，花开时节动京城"，说的便是它们。

洛阳，居于洛河之阳，古名一大把，斟鄩、西亳、洛邑、雒阳、洛京、京洛、神都、东都、洛城都是。洛阳是古都，夏朝、商朝、西周、东周、东汉、曹魏、西晋、北魏、隋朝、唐朝、后梁、后唐、后晋，共有13个朝代在洛阳建都城。对洛阳，史上有固定称谓——十三朝古都，它的文明史5000多年、建城史4000多年、建都史1500多年。

洛阳毫无悬念地囊括中国古都三最：建都最早、时间最长、朝代最多。

牡丹花城。

千年帝都。

13个朝代中，隋唐洛阳最出名。

当时洛阳是政治、经济、文化中心。如果描述再精准一点，在"政治、经济、文化中心"前，得冠以"全球"一词。不是全国，而是全球。

尽管隋唐两代实行两京制，长安（今西安）是根据地老家，洛阳只是东都，一座陪都。然而，王朝统治者时不时从西都长安移驾东都洛阳。

不是东巡体察民情。

来干吗？觅食。到洛阳找吃的。

皇室王公大臣、平民百姓的吃穿用度，长安供给不了。隋文帝、唐太宗、唐高宗、唐玄宗常在洛阳待上一段时间，等过了困难时期，再回长安。皇帝的家移来移去，皇家贵族、文武百官、随从护卫几万人，乃至几十万人跟着走，很麻烦，隋炀帝、武则天干脆长留洛阳，不走了。

其中，唐中宗李显的搬家故事特别折腾，戏剧性十足。705年，李显登基。他下令从洛阳搬回长安，群臣无一不反对，甚至死磕。但大臣就是拿命劝也不顶用，为满足皇后荣归故里的愿望，唐中宗还是迁都了。

不管家在哪儿，吃饭都是首要问题。

看看李显朝廷怎么运粮：运送粮食的官兵们从南方长途跋涉到洛阳，继续往西，再走800里，才到长安。

这400公里走得不容易啊。黄河泥沙堆积，一旦疏通滞后，河道会淤塞，漕船便无法通行。粮食只能走陆路，马驮、驴运、牛拉。远程行路，牲畜伤亡严重。在李显时代，当一头牲畜多么难啊。

一年、两年、三年，从洛阳到长安皆如此运送粮食。第四年，关中闹饥荒，缺粮了。朝廷紧急调运的粮食怎么也到不了长安。

无解。这会死人的。

活命要紧。

唐中宗李显无奈，只好又带着皇家贵族、文武百官、随从护卫灰头土脸地回洛阳。

帝王们来回折腾的原因唯有一个，洛阳是运河的枢纽，洛阳比长安更容易填饱肚子，稳定皇权。

帝王追着粮食跑，不丢脸。

在洛阳能解决吃饭问题，这得感谢隋炀帝，洛阳运河枢纽是隋炀帝造就的。

大业元年（605年），在建东都洛阳时，隋炀帝不忘光大运河事业，开挖通济渠，从洛阳西面的西苑引出谷水和洛水，到达黄河。公元608年，隋炀帝下令开通永济渠。东南有通济渠，东北有永济渠，洛阳身处运河中心，成为全国水陆交通枢纽、全国商业中心、全国对外贸易中心。

作为有谋略、有魄力的帝王，隋炀帝深知一个繁华城市的重要条件，人气，人气，还是人气。因而，隋炀帝迁来洛阳老都城后，也把富商大贾等各类人才全迁入了（不知隋炀帝是否给人才费），洛阳城的人口数激增至百万。

洛阳成为全世界人口数一数二的都城，毫无悬念。

作为花迷，我寻香追花，关注跟花有关的消息。

洛阳牡丹栽培便是从隋炀帝开始的。他从全国各地移植名贵草木，栽种在西苑，个中即有20箱易州（今河北易县）牡丹。

洛阳牡丹栽培鼎盛于唐，彼时，洛阳段的运河也迎来巅峰时刻。

洛阳内部水网多，如漕渠、泄城渠、瀍渠、谷渠、通津渠、运渠等，四通八达。洛阳高速发展，"半天下之财赋，悉由此路而进"。洛阳城内市场超过长安，政治中心与经济中心完美重叠。

武则天迁都洛阳，通济渠上万艘舟船汇聚，填满河路，商旅贸易旺盛，车马塞途。运河奠定了盛世繁华的大唐，犹牡丹般雍容华贵的大唐。

但不久，洛阳段运河风光突变，随之断崖式坠落。

唐天宝末年起，安史之乱爆发，藩镇割据，军阀连年混战。

战火下的洛阳屡受挫折，唐王朝连修建自家房子的银两都拿不出来。城将不城，洛阳的政治中心地位不保。连年战乱，漕运遭到严重打击，漕运量降至年十余万石，洛阳经济中心仅剩虚名。

宋朝，洛阳牡丹甲天下。然而，洛阳段运河没有牡丹的好运。

北宋也是两京制，京都是开封和洛阳。洛阳陪都地位不变，可此洛阳非彼洛阳，洛阳已经不是政治、经济中心。南宋迁都临安（今杭州）后，洛阳的中心地位急剧下降。

隋炀帝开凿的洛阳段运河逐渐淹没在历史长河中。虽说花无百日红，但皇室推崇的这朵洛阳牡丹不慌不忙，花开花落1500年，文人墨客歌咏不休，仅唐宋时期，就有130多人留下270余首关于牡丹的优秀诗作。

洛阳段运河式微，洛阳牡丹还将继续"红"，不断地开出美艳的花朵。

谷雨已至，我又想去洛阳看牡丹了。

走，坐高铁看花去。

第四节

《清明上河图》中的开封

"开封城，城摞城，地下埋着几座城。"

开封古称有启封、大梁、陈留、汴州、东京、汴梁、汴京，民间一直传唱"城摞城"的歌谣。

1981年，开封市园林部门湖底清淤，意外发现宋城遗迹。经过20多年探寻，考古专家居然找到开封城下六座城池，战国时期的大梁城、唐汴州城、北宋东京城、金汴京城、明开封城和清开封城。一城叠一城，城上是城，城下也是城，城中有城，城外还有城。墙摞墙，门摞门，路摞路，马道摞马道。

城摞城，世界奇观！

开封是中原腹地，一马平川，没有山，没有丘，缺少天然屏障，作为都城（主要指帝王的居住地），开封没有优势。

然而，几朝统治者的目光不约而同地锁定开封，一朝在开封建都，都城被黄河水淹没，另一朝就地建都，都城再次被黄河泥沙掩盖，下一朝还在原址建都。不经意间，历朝建都的统治者集体创造了世界纪录：开封是世界上唯一一座中轴线不变的城市。

开封作为都城，独门武器是什么？

水。

开封有水。

战国时期，魏国定都开封，史称大梁。魏国国君胸有宏图伟业，为了称霸，挖掘人工河鸿沟，便是与成语"不可逾越"形影不离的"鸿沟"。这条鸿沟不仅沟通淮河北岸几条主要河流，还连接黄河和淮河。黄河、淮河就此被逾越了。成网连片，开封变成中原地区水陆交通要冲，得到迅速发展。

不过，魏国灭亡后，开封受其影响，跟着衰弱了。

北宋时期，开封最为鼎盛。彼时，它名曰东京。

建立政权时，宋朝制定国策：国家根本，仰仗东南。经济、文化中心南移，国家政权运作完全依赖江南漕粮。东京以汴河为主，水网呈放射状，惠民河通达淮河流域，五丈河通向齐鲁地区，金水河通往荥阳。一旦有战事，可以快速调运漕粮，派遣兵士，支持前线。

如果研究北宋文化和开封古运河，定要钻研被称为宋代百科全书的《清明上河图》。北宋的张择端选东京作为创作地，他取京城一角，画就一幅现实主义风俗画，展现一派"汴京富丽天下无"的景象。

"画卷五米多长，我把虹桥放在中心。虹桥飞架汴河，桥下船只穿梭，桥上车水马龙，还有商铺、地摊，热闹非凡。虹桥是汴河的地标建筑，也是北宋社会的时代缩影。"隐约中，我恍若听到张择端隔空传音，介绍创作意图。

宋代另一部百科全书是孟元老的《东京梦华录》。靖康之难第二年，孟元老避战乱，离开东京南下，居于江左。

几十年过去，他乡依旧成不了家乡，回归故园却无望，每当夜阑人静，思乡情绪更是无处释放，每每与人谈及东京老家，他人却不在意。"暖风熏得游人醉，直把杭州作汴州"，想必孟元老与后辈林升感同身受，他不想故土的美丽繁华随风散去，便写下《东京梦华录》，寄托无尽的乡愁，永留桑梓在心头。

孟元老写东京城盛行夜市、早市。街铺夜市到三更，夜色阑珊，但箫鼓依旧喧天，街上行人攒动，意兴不减。至五更，早市便接着开张了。上元节愈加欢闹，宝马雕车，鱼龙飞舞，老百姓彻夜狂欢。

东京是一座不夜城，堪比现代大都市。皇宫建筑、大街小巷，饮食起居、岁时节令，勾栏瓦舍、歌舞曲艺，无不透露出城市生活的绚丽多彩。

如今，在开封清明上河园，当夜色笼罩水面，《大宋·东京梦华》便开始上演。在经典的宋词意境中，北宋王朝盛世画卷徐徐展开。

明月高悬，星星点点，孟元老、张择端笔下的京都繁华尽显。

有河就有桥。

有河就有船。

《清明上河图》中有大小船只20多艘。

静泊的船、载货的船、穿过桥洞的船、需要纤夫拖动的船，汴河上的船拉来了乡下的农民、做买卖的生意人、走江湖的术士、有文化的官吏和读书人。这一"拉"不得了，拉来发达的经济、繁荣的文化，更拉来庞大的人丁，京城人口数量超过隋唐时期的长安和洛阳。

东京成为120万人口的城市，一座世界级昌盛国都。

成是水，败也是水。

汴河水源主要来自黄河，黄河以沙多著名，沙一多，淤塞便多，河道淤塞要疏浚，疏浚就得有人、有钱。

不巧，北宋后期没钱，不仅没钱，还没人，主要劳力被派到战场，跟金兵打仗去了。

1127年，东京城被金人攻破。宋朝皇帝南逃临安（今杭州）。

汴河，被废弃。东京，被抛弃。汴河和东京一同被遗弃。

"成是水，败也是水。"此时，我想把这句话的顺序调换一下："败是水，成也是水。"

黄河和战争掠走东京的兴旺富庶，黄河的泥沙像一张巨大的黄沙被，把京城层层包裹。如一滴树脂坠落，经千年酝酿，终幻化成一枚珍稀琥珀。

开封地底下，漫漫黄沙中，各朝城郭完整呈现，世人依稀可辨《清明上河图》的无限荣光。

八朝古都，4100余年建城史和建都史，影响深远的"宋文化"，名人文化、宋词文化、饮食文化、黄河文化、府衙文化……千年古城重见天光，开封城的故事重新被世人津津乐道。

黄河水无意间保留了古城遗迹，创造了遗产史上的奇迹。

第五节
最忆是杭州

    每当从杭州武林门码头路过，我便有坐船游运河的冲动。

    某天，我登上水上巴士，游览几千年来流淌至今的鲜活运河。码头旁有一座现代桥梁，六根粗大的桥墩上各刻一个巨大的方块字，从右往左念便是"到北京登长城"。

    "到北京登长城。"从武林门码头坐船，一直往北，一定可以到达首都北京。

    杭州是隋唐大运河和京杭大运河的最南端城市。隋炀帝与忽必烈同时把此名号安在杭州大地上。杭州，成为运河城市中最具典型意义的城市。

    运河最需要什么？

    水，水源。

    正巧，杭州水源丰沛。

    杭州面海而栖。这海是钱塘江入海口，直通东海；杭州拥江而建，怀抱一条江，这江是著名的钱塘江；杭州的东面有杭州湾，又有239公里的浙东运河；北面是长江三角洲，还有河网密布、湖泊众多的太湖流域。

河造就了城，城成就了河。

自隋朝始，杭州成为江南运河、钱塘江、浙东运河的交汇点，财富随水而来，杭州遂从一个小地方蝶变为大都会。唐朝时期，运河城市杭州拥有河港、海港双重身份，通商口岸、江海门户地位稳如泰山。

钱塘江文化、西湖文化、运河文化交融。

老市长白居易60多岁闲居洛阳，怀念10年前出任杭州刺史的生活，一忆，再忆，忆了又忆。"江南忆，最忆是杭州。"最直接、最质朴的语言，抒发出最强烈、最真挚的感情。

自此，"最忆是杭州"成为杭州的代名词。寥寥数语，从写成到流传，已是千年，还会继续千古传扬。

"陌上花开，可缓缓归矣。"这首诗堪称史上最短、最美、最动人心魄的爱情诗。诗作者吴越国君主钱镠直接把杭州拉进了中国古都朋友圈，他把杭州经营成一座规模宏大的名城。

在我发呆出神时，巴士开始调头往前。一座窄铁桥的栏杆上，挂着"千年古运河"几个大字。运河两岸，柳树如烟，桥梁如画，亭台这般玲珑，楼阁如此巍峨，十万人家啊。

想必1000多年前，柳永在钱塘（杭州故名）见此美景，胸中的情感似几十艘船只驶过运河，迸溅起的浪花猛烈拍打河岸，他难抑激动，便写下千古名篇："东南形胜，三吴都会，钱塘自古繁华。"

"钱塘自古繁华"成为杭州又一个响当当的广告语。

1138年，继五代吴越国建都后，杭州（时称临安）被宋廷选中。

北面强敌不消停，似一把利剑，悬在南宋最高统治者头顶，不知何时会掉落。但南宋政权统治时间居然有152年。杭州城极度繁华，人口高达160万，城市规模领先世界，完全颠覆了意大利旅行家马可·波罗的原有想象。他由衷地赞美杭州是"世界上最美丽华贵的天城"。

杭州的成就直接或间接来自一条河——运河。

巴士从一座桥下经过，桥壁上绘着巨幅浮雕，南宋君主赵构端坐着，左边是巍峨的宫殿，右边驶来两艘大船。

这座浮雕挺有趣，似在隐喻。一条运河，让各地财政赋税送至都城临安，各种政令物资发往全国各处。

即便南宋之后，元、明、清全去北京建都，杭州运河依旧忙碌不休，枢纽地位坚挺。祖国东南方省份福建、广东的货物发送首都，先到杭州，再由漕船转运至北京。京都货物去南国，运到杭州，再散向南方。

杭州的运河直通北京的积水潭，和杭州有关系，似乎就跟首都同呼吸共命运了。杭州的城市吸引力如春日阳光，温煦而热烈。

从北京至杭州，杭州至北京，运河流经之处，城市、小镇、村庄一一冒出，似旭日初升，明亮且耀眼。

巴士又经过一座桥，这浮雕是一个金人——全身金色的康熙大帝，他似乎穿着丝织的朝服。

元明时期，杭州继续保持着南方工商业中心的地位。南方漕船运粮北上，回来即是空船，为提高利用率，减少人工费，明朝政府允许船夫携带货物，沿途贸易，商人常搭乘漕船北上做生意。北京人尤爱杭州、苏州的绸缎，商人嗅到商机，便运丝绸卖给北京人。

"从江苏、浙江两省每年运载绸缎、天鹅绒、衣服的船舶即在300艘以上。"有人统计过1840年前运服装的船只数量。

至清朝，杭州成为中国三大丝织中心之一，绫、罗、绸、缎、锦、绢、棉、纱，品种多样，质地精良。杭州城万家男女谋织业，织布机的声音朝夕不辍。商人、织布人、运货人大量聚集杭州。运河上商船云集，桅杆如林。

"篝火烛照如同白日。"杭州，一座不夜城。

"上有天堂，下有苏杭。"人人向往杭州天堂。

一阵苍老悠扬的歌声传来，桥下几位老者对着运河放声高歌。巴士马达声混杂，分辨不出歌词，但老者腔调十足，他们的方言似有宋韵滋味，游客纷纷叫好。

京杭大运河最南端的地标性建筑——拱宸桥到了。390多年间，拱宸桥亲历漕运日夜不歇，目睹杭州繁华昌盛。

巴士靠岸。拱宸桥畔水波漾漾，垂柳袅袅。我知道这座国际花园城市的梦想：杭州段运河的地位要像八达岭在长城中的地位一样。

"凡是过往，皆为序章。"

人类在杭州繁衍生息8000多年。这里有5000多年的良渚文化、2200多年的建城史，这里是东南名郡、人间天堂。

杭州和运河总是让人最忆的！

第三章

从运河的"运"说开去

漕运是漕粮运输的简称。漕运文化何处寻觅？

漕运的前尘往事，那些码头、粮仓、驿站和漕帮。

第一节

漕运的前尘往事

多年前，我偶然看到《说文解字》对"漕"的解释："漕，水转谷也。"

水转谷是啥意思？漕运是什么运？"漕"可与哪些字组词？在网上查找，"漕"的朋友特别多，漕运、漕粮、漕河、闹漕、钱漕、漕计、漕耗、漕船、漕司、漕渠、大漕、转漕、漕斛……"漕"与60多个不同的字结伴跑出来。

原来，漕运是国家走水道运粮，供给京城或接济军需，是漕粮运输的简称。套用"漕"的解释，漕运便是通过水路运转谷物。

漕运有河运、水陆联运和海运。用来漕运的船叫漕船，运的粮是漕粮；如果运米，就是漕米；漕米收太多，老百姓会抵制官府收粮，闹漕斗争便开始了；开漕船的士兵叫漕军，若是民工，便喊漕夫。

这一连串词语中，"漕试""漕闱"词意差异较大。漕试是宋代贡举考试方式之一，漕闱是漕试的试场。不知当初考试为何带"漕"，造词有何故事，难道因为考生坐漕船去考试而取此名？不知缘由。

历代王朝向农民征收地租和田赋，让征收来的粮食飞快地运到京师，是统治者的重要工作。

他们的办法有点相似——凭借运河，大规模漕运。

漕运这项重要的经济制度，直接影响国家治理。宫廷的庞大开销、百官的巨额俸禄、士兵的批量军饷、百姓的日常吃喝，南北资源和物产的大跨度调配，皆仰仗漕运。

漕运起源很早。

最先出现在秦始皇北征匈奴时期。从山东沿海一带，秦始皇运军粮到北河（今内蒙古乌加河一带），海道运输粮食。如果用"漕"组词，可以写"海漕"。秦始皇身上有多个"第一"的标签，他还是制定漕运制度第一人。可惜，秦始皇之后至汉代，漕运制度没得到发扬光大。及至魏晋南北朝，各代倒建立了各自的区域性漕运体系。

隋代在通济渠、永济渠畅通后，陆续建立漕粮存储仓和中途运转仓，形成水运仓储体系。到唐宋，漕运稳定，与漕运相关的规章制度日趋完善，漕纲确定，漕运体系形成。

这份军功章主要是唐朝的两位宰相挣得的。

一位是裴耀卿，他对漕运进行全面改革，分段运输的转搬法便是他的创新；另一位是刘晏，他建立了一套独立的组织系统、转运设施和漕运制度。

自此，"转运使"成为固定的官职。

各朝漕运官员官职名称不同，唐是转运使，宋叫发运使，元为都漕司二使，明、清称漕运总督。

谈到漕运总督，那顺便去看看他们的办公室吧。在乾隆时期的《山阳县志》中，江苏淮安的总督漕运公署有完整的建筑图纸。图纸上标记的建筑物，有大门、二门、大堂、二堂、宅门、大观楼、淮海节楼……门、堂、楼众多，房屋213间，可住官兵22000多人。明朝至清末，237任总督在此办公。

总督漕运公署作为中央一级机构，应该在京城，怎么建在京杭大运河的中段淮安？

这与一人有关。

陈瑄是明朝第一任漕运总督，总管漕运30年。漕运总督总理运河上一切事务，在约1794公里的运河上，安全保障12000艘漕船运输，负责12万漕军的吃喝拉撒睡，管理运河沿线粮仓，还牵制着浙江、江苏、安徽、河南、山东等7省。

总督责任重大，事务繁多，得讲究工作效率。

陈瑄发现，从淮安发出命令，到他管辖的每一个区域，时间差不多。到湖广和河南一带，会延长几天，但总比从北京发往各地要省时省力。于是，他向皇帝提出在淮安设置衙门的建议。这类似于现场办公，快速、高效。权衡利弊后，皇帝采纳了陈瑄的意见。

从明至清，淮安的总督漕运公署不仅房多、兵多，而且官多，级别高。

漕运收入占朝廷每年财政收入的70%以上。皇帝不得不重视漕运总督岗位，统治者不敢随意安排人选，如所托非人，将后患无穷。清朝时，多位皇帝的宠臣曾担任漕运总督职务。漕运总督位尊权重，明、清两朝漕运总督官员的级别是从一品或正二品。

明朝一年，全国各地有400万石粮食到都城，古代的1石粮大致相当于现在的100多斤粮食。一年吃不完，第二年又运来漕粮。漕粮变陈粮，陈粮再陈粮。

唐天宝二年（743年），一份漕运物资表（见附件）显示，各郡除运送漕粮外，还要送去本郡特产。光看特产名字，便知不简单。南海郡的玳瑁、珍珠、象牙、沉香，始安郡的蚺蛇胆，吴郡的三破糯米全是稀奇物。京口绫衫缎、折造官端绫绣、罗纱、吴纱、绛纱、蕉葛、方丈绫等衣服布料，种类繁多，质地精美。

漕运让京城很方便地搜罗到千里之外的和璧隋珠。

清朝末年，漕运的"天时、地利、人和"齐刷刷地出问题，真是一言难尽，没辙了。

1901年，清政府下令停止漕运。漕运不在，漕运的官职就成摆设了。三年后，清政府撤废漕运总督职务。

随着历代王朝远去，这个念了2000多年的"漕运"词语，逐渐变成历史符号。

漕运的前尘往事皆如烟了。

附件：唐天宝二年的一份漕运物资表

广陵郡	锦	镜	铜器	海味	
丹阳郡	京口绫衫缎				
晋陵郡	折造官端绫绣				
会稽郡	铜器	罗纱	吴纱	绛纱	
南海郡	玳瑁	珍珠	象牙	沉香	
豫章郡	名瓷	酒器	茶釜	茶铛	茶碗
宣城郡	空青石	纸笔	黄连		
始安郡	蕉葛	蚺蛇胆	翡翠		
吴郡	三破糯米		方丈绫		

第二节

码头的一言一语

2700余公里的隋唐大运河有多少个御码头？

239公里的浙东运河有多少个销售物资的码头？

约1794公里的京杭大运河有多少个漕粮停靠的码头？

不知道。

只晓得有河便有码头，有码头就有人声、活力和盼头。

一

运河古镇塘栖。

起初听人说起塘栖，是因为枇杷。相传，隋朝时，塘栖开始种植枇杷；唐时，"余杭郡岁贡枇杷"，枇杷是名贵的贡品；明末清初，枇杷迎来黄金时代。

第一次见塘栖，便是寻枇杷而去。五月的塘栖，街头巷尾处处弥漫着枇杷的清香。

塘栖，临水而栖。北宋前只是一个小渔村，京杭大运河从村边经过。运河水日夜滋养，至1500年，塘栖遂为江南重镇。塘栖怀抱的运河，连通苏州、上海、嘉兴、湖州，镇内尚有市河、东小河、西小河、北小河，塘栖成为杭州北部的水上门户，留下"三十六爿桥、七十二条半弄"的水乡故事。

塘栖桥多，广济桥是最杰出的代表。岁月沉淀，500多岁的广济桥见惯了漕运风云，沧桑中散发着优雅的气息，恍若青春依旧如昨日。

运河桥边码头多，广济桥旁便是著名的御码头。这个码头专门为乾隆皇帝而建。乾隆下江南，到塘栖不是一次，而是三次。运河两岸的春天像大海一般深广，舟船林立，船头旌旗飘飘，皇帝携王公大臣和将士从此处登岸。

码头见证昔时塘栖繁华。

与淮安、扬州的御码头不同，为嘉奖浙江及时纳税粮，乾隆在此地题词，留下一块御碑，上有"圣谕"。文字很深奥，但主题很集中，表扬并奖励浙江。

踩在御码头的石块上，我似乎看见旧时塘栖老百姓，携枇杷，沿水路，从御码头、杂货码头、专用码头上岸，走向朝市、晚市、香市、庙市，交易果中珍品。

我幻想着枇杷果缀满枝头，果农在树下采撷黄金果。筐筐枇杷乘坐小舟，从一个个码头，走向大街小巷，抵达一个又一个码头。

二

运河古码头西兴。

"西兴过塘行码头。"在西兴古镇，确定多音字"行"的意思后，我才默念了一句。

西兴地名可上溯至春秋后期。西兴在杭州南部，是浙东运河西端起点。西晋之后，西兴码头成为连接浙东运河和钱塘江的中转码头。

过塘行？

第一次见此专用语，世人常会疑惑。过塘——行，是行业吗？果真是。浙东宁波、绍兴的物产怎么运到京城？这太远了，就说说如何运达杭州城吧。明万历年间，西兴中转的船运货物过塘，从西兴码头下船，把货物搬运至钱塘江南岸码头，再坐船通过钱塘江到杭州。

专门负责货物、人员转运工作的，成就了一个特殊行业——过塘行。历史上西兴的过塘异常繁忙，流传至今的商家有七十二爿半。卖药材、鱼苗、禽蛋、荔枝、南北干货等，共72家，其中卖黄鳝的，是季节性营业，世人算了半爿。

西兴舟车辐辏，人庶浩繁。

穿行在西兴古街，从两旁斑驳的古建筑上，我努力分辨它们原来过什么。

这几家是过茶叶、烟草、药材的。

那几家是过粮食、棉花、丝绸的。

他们家呢，过盐、酒、醋吗？

阳光耀眼，老房子沉默不语。

不过，西兴不是终点，过塘的终极目标向北是杭州，向东是绍兴、宁波。借西兴码头，宁波、绍兴的物产转杭州，达首都。

上千名挑夫、轿夫、牛车夫大展拳脚，手提、背驮、肩挑，过人、过禽、过货，直奔西兴码头。

"上船下船西陵渡，前纤后纤官道路。"西兴码头日夜喧闹，舟船上岸下客，人员装货卸货，吆喝声、叫卖声、谈笑声回荡在水面。

三

邵伯古镇。

七月，河上漂着大片荷花，不知尽头在何方，各色荷花美丽娇艳，两岸柳枝轻抚水面。我坐在拦河坝上，无法把眼前一池荷花与通航的运河连在一起。

河岸两旁堤坝较高，一旁的古村落显得格外低矮。没走几步路，便看见通向水面的石板台阶。台阶从老百姓家里延伸出去，想必是过去的码头吧，如今成了老百姓的家用码头，被苔藓铺满。

邵伯大码头造型别致，并不像平常所见完全敞开的码头，有些幽雅的意境，有遮风挡雨的"屋顶"（上面是马路），比较私密。当地人介绍，说这是方便官员上岸，类似于飞机、高铁的贵宾通道。

盛夏的爬山虎长得旺盛，在码头的横梁上垂下来，倒真成了阻挡视线的屏风。一妇人提着水桶，下码头汲水，游客架起相机，拍摄码头风光，不知此时的码头与过去有几分相似。

邵伯镇在淮扬运河的扬州段。隋唐至清末，邵伯镇历来是漕运必经之地。明隆庆年间，瓷器年过境就有40万件。清朝时期，南来北往的物资都要在邵伯过境。

进京赶考的书生奔波劳累，在此上岸添置食物；官员去南方就任，前路漫漫，在此休整补充能量；国外使者行路辛苦，在此停歇观光旅游，欣赏古镇风光。

邵伯由此衍生出二三十座码头，日常停靠船只两三百条，官兵船员、各色旅客云集。大码头、竹巷口码头、朱家巷码头、庙巷口码头等个个名声在外。

沸腾的码头、平静的码头、寂寞的码头，运河码头到底承载了多少悲欢离合的故事？

我想走遍运河码头，听听码头的一言一语。

第三节

藏粮于仓

夏日傍晚，我与同学在杭州运河边散步。从拱宸桥东岸，沿垂柳道往南走，不时遇见写着"通济"等字眼的游船，身旁不断经过悠然的闲步者。

拐角处，我们邂逅一座古建筑。

路灯昏暗，看不清房子年岁几何。走近后，阅读门口的介绍牌，得知老房子居然是盛名在外的富义仓，运河沿岸著名的粮仓，杭州现存唯一一座古粮仓。

富义仓取"以仁致富、和则义达"之意，始建于1880年，占地约35亩，花费白银11000两。当年粮仓五六十间，有去稻壳的碾坊、舂米的作坊，可存四五万石谷物。

民以食为天。人类由古到今，从未改变过对粮食的渴望，对"一粒种子"的期盼。

夜晚，富义仓大门紧闭，无法进去一睹仓库容颜。我想起"水稻之父"袁隆平的梦想："有一天到了秋收时节，水稻能长得像高粱那么高，穗子像扫把那么长，谷粒像花生米那么大，几个朋友能坐在稻穗下乘凉。"

"手里有粮，心中不慌。"

"中国人的饭碗任何时候都要牢牢端在自己手中。"

富义仓是杭州老百姓的粮食供应地，端着杭州人的饭碗；富义仓是朝廷贡粮的储藏地，也端着京城人的饭碗。江南谷米被放进富义仓里，老百姓来买米、卖米；江南粮食被征收成为漕粮，在运往京城之前，漕粮被集中放在富义仓里。

"一粒种子改变世界。"

这一粒种子，古人便藏在粮仓里。

与富义仓并列的是北京的南新仓，两家粮仓并称为"天下粮仓"。常见说法是北有南新仓，南有富义仓。

600多岁的南新仓至今保存完好。作为皇家粮仓，南新仓存放皇粮和俸米，九座古仓廒见证漕运历史。

粮食保管是门大学问，古代没有现代化设施，仓库里堆满粮食，怎么提防雨水，怎么调节温度，怎么避免发霉虫咬？天气、温度、鼠虫等问题都要解决。

古人的存粮办法科技含量极高。

南新仓选址高，不怕洪涝；围墙厚，温度恒定；四周设置排气管，防霉变；编织竹纱窗，阻挡老鼠、飞鸟。

粮堆边缘容易散气，堆在中间的粮食却无此待遇。粮食堆积产生大量热气，温度过高，粮食就会腐烂。古人便在每个仓廒的粮堆里插上五六根毛竹，热气就会顺着竹心向上透出。

毛竹的作用类似于烟囱，烟囱排烟，毛竹散气。

简单，却特有效。民间有智慧，雍正皇帝大为赞赏。要透气，插毛竹，典型经验啊，快快推广！赶紧推行到全国各地的粮仓去啊！

雍正甚至下令，浙江、江苏、天津等地漕船进京，需带毛竹，携两根大毛竹、十根中毛竹。连数量、大小都做出规定。想必种毛竹的人家也料不到，深山老林里的毛竹会随运河漂流，到达遥远的首都，为国家粮食安全效力。

船只一路向北，每艘漕船上摆放12根毛竹，这情景挺有趣。见者或许会猜想，难道毛竹运到北京可卖高价？

防这防那，全国粮仓还要防"硕鼠"。

"硕鼠硕鼠，无食我黍！"《诗经》中的奴隶主剥削者如丑陋的硕鼠，狡黠、贪婪。粮仓里有形的硕鼠可用竹纱窗阻挡，无形的硕鼠防不住。粮食进仓，有人克扣斤两，级级敲竹杠；粮食出仓，有人中饱私囊，层层薅羊毛。如果遇上仓官、仓吏、仓役合谋，粮食耗损更严重。

古人的黑科技再厉害，也难抵无处不在的硕鼠。历朝统治者都在打击"硕鼠"，但自家出硕鼠，投鼠却忌器，春风吹又生，硕鼠无穷尽。

明清时期，粮仓建在地面。隋唐时期，粮仓建在地面以下，著名的有含嘉仓、回洛仓、黎阳仓等。

在扬州中国大运河博物馆，我见到了回洛仓的仓城模型。随便选几个数字：

仓城东西长1000米，南北宽355米，约等于50个国际标准足球场，窖口口径10米左右，大的约17米，窖底距地表浅的约7米，深的10米以上，仓窖710座，每座储存50万斤粮食。

不知此气势与西安兵马俑相比，谁更霸气？

当年，隋炀帝一改他老爹在长安定都的想法，把都城放在洛阳。洛阳靠运河枢纽，更容易找到食物，江南的粮食随水而来。

建设洛阳粮仓是头等大事。据《资治通鉴》记载，炀帝大业二年"十二月，置回洛仓"。隋炀帝登基一年多，即开始建回洛仓。

历史证明，种子藏在回洛仓，是安全的。作为国家大型漕仓，回洛仓的仓窖制作工艺至今被外界谈论。

回洛仓已不在江湖，但江湖依旧有回洛仓的传说。

历朝历代建了无数座粮仓。

一份清代北京、通州粮仓建置表显示：

粮仓城内有，城外还有；一条街上粮仓多处，几十上百个仓库，甚至几个年代连着建；隔几年建一座，有时一年中建多座。

粮仓数量之多、建置时间之密，令人惊叹。

粮食安全乃国之大者。从过去的藏粮于仓，到现今的藏粮于地、藏粮于技，何处藏粮历来关乎国之根本、民之大计。

站在富义仓门口的小桥上，看着黯淡月光下的富义仓，我好像找到卞之琳《断章》中描绘的意境，不知今晚梦境中是否有富义仓的模样。

但我想选个阳光明媚的日子，再来富义仓，寻找当年贡粮从此北上的足迹。

第四节

邮路驿站

"600里加急！"

"800里加急！"

日行400里、500里，甚至600里、800里，急促嘶哑的声音穿过滚滚黄沙，随一匹飞奔的骏马而来。文学和影视作品中常有如此镜头。杜牧的"一骑红尘妃子笑"，宋高宗给岳飞送出12道金牌，是其中极为著名的桥段。

古时关于传递讯息的记载不少。烽火戏诸侯，周幽王的故事流传千年。为博褒姒一笑，周幽王用烽火发送消息，召集诸侯。

这些送信的、送牌的、送货的不是机器人，做不到不眠不休地跑路，得给他们歇脚的地方。换马、换船，甚至换人。如果不加急，可住上一晚，歇歇脚，喝口茶，吃碗饭。

现代的快递乘飞机、坐火车、搭轮船，日行千里，快递中转站为人员和货物提供停歇的处所。传递官府文书、军事情报，古代有专门的官员，驿站便是这些人吃住、换马的场所。驿站跟现代的招待所、宾馆相似，不过是免费的，吃喝住行全包。当然，官员级别不同，驿站提供的待遇有差别。

古时驿站挺多。《大唐六典》记载，唐朝驿站最多时有1639个，在岗人员20000多人，专职驿兵17000人，陆驿、水驿，或水陆驿通用。

龙江驿、龙潭驿、仪真驿、广陵驿、邵伯驿、界首驿、安平驿、淮阴驿、清口驿……江苏的古驿站格外多，无法一一写出每一个驿站名。宋时，20里设置一个驿站，遇上繁忙紧急的，10里又安排一个驿站。

1990年，邮政部门曾发行过一张亭子邮票。亭子檐角飞翘，十分俏丽；粉墙黛瓦，格外优雅。底下写着三个字：姑苏驿（实则是横塘驿）。邮票上印亭子不罕见，但横塘驿是中国邮票史上第一个古驿亭，这就稀奇了，集邮爱好者争相收藏。

从张继的《枫桥夜泊》中的枫桥镇找去，沿运河到胥江交界处，便可找到邮票上的驿站。横塘驿立于美丽的彩云桥畔，套用时髦说法，亭亭玉立的横塘驿是苏州的文化地标。

为什么这座驿亭会上邮票？

横塘驿站临河而栖，是江南段运河仅存的古驿站，是京杭大运河少有的水陆两用驿站。

客到烹茶旅舍权当东道

灯悬待月邮亭远映胥江

这是刻在亭子石柱上的对联。

官府送文书来,驿站烹茶迎接,官员歇息停留后继续赶路。南来北往的官员在此吃喝,顺便换马匹、换心情。运河上的船只停靠码头后,到此补给。

夜晚,明月高悬,星空璀璨。驿站灯火照江映,胥江美景惹人醉。或许,异乡人的愁绪都被治愈了,没准也会勾起异乡人的忧愁,驿亭别离,伤感难免。

驿站见惯了苏州的丝绸、扇子、彩灯由此一路狂奔南北,驿站日夜见证漕船来来往往。横塘驿站,岁无虚日啊!

只是如今驿站的馆、楼、庑、台全没了,仅剩邮票上的亭子。

古时苏州名驿不少,除横塘驿站外,还有望亭驿、松陵驿、平望驿、枫桥驿。驿站迎来送往,昼夜喧哗。

横塘驿站是苏州邮驿活化石,盂城驿是中国邮驿活化石。

盂城驿始建于明朝洪武八年(1375年),位于扬州的下属市高邮。

高邮地名很特别,它是全国2000多个县市中唯一带"邮"字的城市。公元前223年,秦始皇在此地筑起高台,安置邮亭,"高邮"之名由此而来,高邮自此与邮驿、邮政、古驿站不可分离。

它还有别称"秦邮"，另一个称呼"盂城"是因诗人秦观的"吾乡如覆盂"得名。

送官员、报军情、运军需，传送、接待、转运，邮驿是国之血脉，邮驿出事，犹如动脉破裂，历代王朝十分重视邮驿。明朝时，盂城驿是首都北京和陪都南京之间的重要驿站。至今，盂城驿是运河沿线规模最大、保存最完好的唯一一座驿站。

据史料记载，盂城驿占地面积为16000平方米，鼎盛时厅房有100多间：正厅后厅各5间、库房3间、廊房14间、马房20间、前鼓楼3间、照壁楼1座、驿丞宅1所等。驿马65匹、驿船18条，马夫、水夫200多人。

写下这一连串数字，我突然想起"穿越"这个词，当年驿丞巡视盂城驿得花多少时间？会走出多少步数？如果他喜欢在朋友圈发工作信息，会发什么内容？

明清时期全国驿站2000多座，水马驿86座。因运河，盂城驿成为"水马驿"。

水马驿靠驿马、靠驿船。驿马和驿员累年奔波在外，天灾人祸等意外常不期而至。生命无常，驿员为得到内心安宁，祈求马神护佑。

中国民间信拜神仙，各行各业有行业神，建筑业供奉鲁班，印刷业侍奉毕昇，捕鱼业敬奉妈祖。盂城驿有座马神庙，敬供马神。马神像二郎神，三只眼，开天目。驿员期待得到马神的庇佑，平安顺遂，因而马神庙香火不断。

盂城驿另一个地标是15米高的鼓楼。登至楼顶，飞阁凌天。极目湖天，只见高邮风光无限，运河一派忙碌。古时，城中有喜事，还会敲响大鼓。鼓声荡漾四方，喜悦笼罩全城。

如果你想了解古代的邮政史、交通史、水利史，那得去盂城驿。

如果你想了解古驿站的科学、艺术、历史和文物价值，去盂城驿吧，那里是中国唯一的邮驿博物馆。

第五节

漕帮的"义气"

在扬州邵伯古镇，当地老百姓指着运河说："喏，邵伯运河两边有古纤道，当年纤夫拉船从这边走。"

运河上铺满盛开的荷花，站在低石坝上，我看着长长的古纤道向远处延伸，不知尽头在何方。当年拉纤的人是否如列宾《伏尔加河上的纤夫》画作中的纤夫，祖辈生活在运河边，贫困、艰难、无奈？

未曾料想，影视剧中欺行霸市的青帮居然跟运河上的纤夫关系密切。这些纤夫可能来自某个帮派，或许就依附于那个帮会。

漕帮是漕运的帮派，是运河上帮会的统称。明清朝廷依靠运河，解决京城的日常生活、搞定军需物资、保证边防安全。在明朝，漕运船队设总运1名、运官20名，押运粮船20艘，每艘船只有帮长1名，管领船户19名。人人各司其职，以防事故发生。

但运粮人员的需求量大，工种多，又不能缺，朝廷无法保证漕船上的人员都有正式编制。数量巨大的水手、舵工、纤夫等工种只能招聘临时人员。这些人常年在船上漂泊，干的是粗活、累活、脏活，拿到的工钱只能勉强糊口。

清朝时，庞大的漕粮系统滋生出各种问题。有人即有江湖，潜规则挺复杂，内部欺压普遍。大鱼吃小鱼，小鱼吃虾米，虾米吃水藻。如果想"取暖"只有抱团，想强大得找团队。

外部勒索也时常发生。在运河上驾驶，商船、民船、货船见到漕船要退让回避。漕船是清政府的，行驶漕船便代表清廷。船只万一撞上漕船，便是跟朝廷作对，罪加一等。不过，这种情况极罕见，更多的是漕船撞击其他船只，然后给对方安个毁坏大清财产的罪名。老百姓吃不起官司，只好拿钱消灾。这种行为犹如自导自演的汽车碰瓷，试一次赢一次，故事一开始便知结局，从来不用彩排，更不需要遮掩。

"此山是我开，此树是我栽，要想过此路，留下买路财。"有人站在漕船甲板上对着商船大声喊。

终年在江湖游走，漕船上的人员变成混世魔王，一艘漕船或几艘漕船在运河上一横，河道被堵死了。

"要过？可以，拿钱来！"

可是船只没有翅膀，飞不过去啊。

团伙不干正业，漕船误时、丢失、损坏，甚至引发大规模粮荒。王朝统治者头疼不已。

漕运必须畅通，漕粮必须安全，团伙一定要整顿。雍正皇帝想到挂榜招贤的办法，与有贤之士共商漕运大业。

漕帮祖师爷出场。

贤人翁岩、钱坚、潘清向朝廷献计如何整顿漕运，把漕船编组为若干帮，以帮为单位，管理开兑、起运、交仓……雍正大喜，准他们的请愿，给三人官职，许他们开帮收徒，统一粮务。

至此，因漕运而聚集的水手、舵工、纤夫等人有了新组织，他们成了在运河上谋生的特别群体。

漕帮不是普通的帮，它是雍正皇帝批准的帮派，一出生便带有官方性质。但漕帮的组成人群是水手、舵工、纤夫等人，它的管理是自治的，带有民间组织的性质。漕帮组织类似于工会，是保护水手、舵工、纤夫等一干人利益的组织。

扬州中国大运河博物馆收藏了一份入帮拜师证书。证书第一行写着"义气千秋"四个大字，盖着一个红印，上有十大帮规、家理问答、三祖训诫、十大禁止等内容。每一项写满字，如十大帮规中有不准藐视前人、不准招摇撞骗、不准奸盗邪淫等内容。

年代久远的纸张泛黄，晕开的水渍忽深忽浅，部分字迹已经辨认不出。

这些大概是漕帮的行事宗旨吧，江湖义气是他们追求的目标。帮规家法有的很合理，比如三祖训诫中的忠厚待人，有的很血腥，如果想象不出，请回忆影视剧中的青帮桥段。

漕帮暗语多，显得特别神秘。拜师仪式隆重、繁琐、严苛，有个专门的说法，叫开香堂。

漕帮内外帮派多，根据地域分成德州帮、赣州帮等。内部又分帮派，德州帮分头帮、二帮、三帮、四帮。每个帮的漕船数目不同，多的70多艘，少的20多艘。

金庸的武侠小说中有丐帮、铁掌帮、青竹帮等八大帮派。洪七公侠义走天下，郭靖为国为民。武侠、大侠都是具有侠义精神的代表人物，令人敬仰！

成立之初，漕帮也义气千秋、正大光明，有侠、有义。

原先抱团谋生、抱团取暖的各种"帮"，随着势力逐渐强大，漕帮跟雇主清廷的关系颠倒，做起了勒索清兵银两、围困粮道官员、拦截河道的事情，清廷成了"弱者"。漕帮继续以前的做法，碰瓷运河船只、敲竹杠、收取保护费、抢劫等，犯罪行为明显。

漕帮犯下这等事情，应该受处罚，但漕帮势力滔天，朝中有人，保护伞强大。

既不为朝廷，又不为老百姓。漕帮初心已改、义气已散、侠义已泯。

为争取更多更大的利益，帮派间纠缠不清，纷争、械斗、火拼时常上演。

漕帮的"义气"成了笑话。

1901年，漕运停止。因漕运而生的漕帮被迫上岸，到陆地上谋生。影视剧中播放的上海滩的故事里，常会出现帮派，那时漕帮已改名换姓，叫青帮（其实是清帮），是一个准军事化的黑社会组织，至民国才消亡。

漕帮的"千秋"早夭了。

第四章

运河上的天工开物

没有水，就没有运河，运河的水从哪里来？
闸澳、堤坝、纤道、舟船的水工智慧令人惊叹。

第一节

水，从哪里来

"高程-10m、-5m、0m、5m……45m、50m。"

站在京杭大运河纵剖面高差示意图前，我仔细比对高程，北运河、南运河、会通河、中运河、淮扬运河、江南运河的落差60米，会通河的南旺镇段最高，淮扬运河的邵伯镇段最低，它们之间隔了一座约20层的高楼。

在浙江大部分人眼中，运河或许一直是平的。

浙东运河上，绍兴环城河、绍兴城内运河、山阴故水道皆一平如砥。坐船从拱宸桥至杭州水上北大门塘栖，只见河道水平如镜。游嘉兴、湖州境内运河，只有过闸门时，才会发觉水位变化。

中国地势西高东低，水由西往东流。运河南北流动，没有南低北高、南北忽高忽低的说法。邵伯镇与南旺镇相隔530公里，往北走的船只得跋山涉水，爬坡闯滩，去消解60米的落差。

没有水，就没有运河。

运河水哪里来？水往低处流，低洼处积水不用怀疑，水怎么往高处的运河流呢？水源的丰匮是运河成败的关键，水资源紧张的北方到哪里找水？水从西往东流，南北走向的运河怎么沟通东西走向的海河、黄河、淮河、长江、钱塘江水系？

问渠那得清如许？

为有源头活水来。

活水究竟在哪里？

南旺镇在山东济宁，高程50米的运河有个奇怪的名字——水脊。明永乐九年（1411年），工部尚书宋礼采纳本土水利专家白英的建议，引汶河水入会通河。截断大汶河，筑起戴村坝，再造小汶河，设置水闸门。通过一连串神奇的操作，成功地把水引向高海拔的南旺运河。

南旺的引水工程成为当时的世界之最，无意间创造了"七分朝天子，三分下江南"的运河流向。70%的水流向北运河，达天津、北京，到天子脚下；30%的水流去江南大地。

白浮泉。

世人寻找运河水源时，这个词语频频出现。白浮泉在北京城北昌平区化庄村东龙山东麓，距离北京城的玉泉瓮山泊（昆明湖前身）60里，与运河八竿子打不着。

历史上北京城一直缺水。没有合适的水源，元初开凿的京杭大运河无法直接通到大都城（今北京城），南方运来的漕粮只能在通州上岸。用车、马、驴，用了陆地上所有交通工具，把漕粮搬运至北京城。人力、物力、财力耗费巨大。

通州的漕粮要跟北京城无缝链接，得解决漕粮运输最后1公里的问题。

著名水利专家郭守敬到处找水源。他发现了白浮泉、温泉、冷泉等十处水源。从白浮泉到瓮山泊落差只有2米，却要走60里的水路。

棘手！

郭守敬设想不从南北走，让白浮泉向西，顺着山势引水可以彻底解决北运河的水源问题。他向朝廷禀报，元世祖忽必烈大喜，要求"当速行之"。

听到如此好的计策，忽必烈很兴奋，这得赶紧做，越快越好。为表达朝廷极其重视引水工程，忽必烈下了一道圣旨，丞相以下的官员携工具，带头破土挖泥。怕官员不服，皇帝指令无比明确，"待守敬指授而后行事"。一切行动听郭守敬的，没有他的指示，谁都不能行事。

郭守敬大概想不到，他会接到如此特殊的圣旨。工地上，朝廷官员混杂在劳作的士兵中，干活卖力，但动作笨拙，手艺生疏，也许官员们已经多年没操持过农具了。

白浮泉遂成为运河的北起点。从此，会通河开启引泉的历史，弘治年间163泉、万历年间309泉、明末336泉、康熙初年430泉、乾隆年间478泉。会通河把鲁中山地西面泉源全部囊括其中，成为名副其实的泉河。

山间涌出来的泉水清冽甘甜。泉河是泉水之河，泉水是甜水，泉河是甜河。

"京师井水多苦。"明清文人作品中常有此描述。京城井水苦，现在运河是泉河。泉河、山泉水，运河水被附上了某种魔力。

天上的雨水也是运河水源之一，但靠天得水不保险，遇上大旱年份，运河水位急剧下降，影响通航。何况地域不同，降水量差别极大，秦岭淮河以南，每年降水量800毫米以上，越往北，降水量越少。

为储水，古人想了不少办法，如筑坝拦水，设闸蓄水。在运河边或不远处，挖出大大小小的水柜、水库、水池。积少成多，汇流成河，航道畅通，运河无阻。在干旱缺水的地方，水源管理是很严苛的，偷水要受惩罚，后果严重的，大牢伺候。

江南运河杭州段从没为水源烦忧过。

浙江的母亲河钱塘江是第一供水大户，运河想要多少水都可以，无限量满足，现在钱塘江每天供水150万立方米。几百年前，西湖水就流到运河，西湖是资格最老的供水大户。如今，靠钱塘江引水的西湖，每天有30万立方米的水最终流向运河。同样引自钱塘江的西溪湿地每天流给运河85万立方米的水。

杭州水系发达，杭州段的运河在杭州河道中海拔最低，占据天时地利的优势。除以上供水大户外，还有其他江水、湖水、溪水、地下水不间断帮扶，每天共有300万立方米的水由运河支配。

　　知足矣！

第二节

闸的技术成就

在运河沿线行走，会见到许多水闸的名字：李家闸、四方闸、菱角闸、浑水闸、大闸……这些以姓氏、形态、植物、颜色、蓄水量等命名的闸，有些早已停用，有些至今还在发挥原有的作用。

闸是水工建筑物，用来挡水或泄水。工作性质决定它的工作地点是在河道、水渠、湖泊、水库。它就做一开一闭两件事：开闸，泄洪、排涝、放船；闭闸，拦水、挡潮、通航。

土闸村位于山东省聊城市东昌府区梁水镇，村名比较特别，以闸为名。闸名也特别，闸前加"土"字。其实这闸不土，它有一个正式的名字：土桥闸。

土桥闸建于明成化七年（1471年），2011年，被列为全国十大考古新发现。土桥闸附近一直在出土明清文物。文物名单中瓷器、陶器、铜器、铁器、玉器近万件。有青瓷、白瓷、青白瓷、青花瓷、蓝釉瓷、粉彩瓷，瓷片就更数不过来了；碗、盘、壶、杯、盒，以及人物塑像都有；铁器有生活用具、船上工具、造船器具、河闸设施附件等。

挖出的闸南北长近7米、东西宽6米多、深七八米，可谓是庞然大物。各部件完整无缺，如闸口、迎水、燕翅、分水、燕尾、裹头、东西闸墩及南北侧底部的保护石墙和木桩。

燕尾槽是石板四面的槽，槽内的铁镉扣连接石板，水流冲刷数百年，却不变形。

运河上常发生沉船事件，在运河里挖出稀奇宝贝并不稀奇。没有大型机械，不知道祖先们是如何把数吨重的石块垒砌成闸的。

汶上柳林闸也建于明成化年间，是南旺分水枢纽工程的重要组成部分，位于山东省汶上县南旺镇柳林闸村。柳林闸往北10里，连汶上十里闸，向南12里，接汶上寺前铺闸，三座闸都是中国大运河的遗产点。

明朝时，柳林闸管理人员有编制，闸官1人，闸夫20人。到清代，除闸官1人外，闸夫减少至18人，但增设了9个溜夫岗位。人员有俸银，闸官是朝廷的官吏，享受朝廷俸禄，俸银约31两，全权负责闸门的一切事务。闸夫工资约10两，溜夫12两。闸门24小时得有人管，要轮流值班，闸夫、溜夫的宿舍就安排在闸门附近。

作为汶水南流之咽喉，柳林闸管理严格。

船只数量达到200艘以上才可以放行。运河上船只乌压压一片，头尾相接，连绵几里。船只通行时间是延长了，但闸内的水不至于外泄太多。不知200艘船只过闸需花费多少时间，想必闸夫、溜夫上夜班会是常态。

运河的主要功能是漕运，按常理漕船肯定第一个通行，但现实并非如此，给皇家运送时鲜贡品的船是有特权的，贡鲜船排第一，漕船第二，后面才是官船、民船、商船。

水深足6尺才放水，放水还要顾及相邻的闸门是否同时开启，如果寺前铺闸正在放水，柳林闸就会避开，不然水放光了，必定影响航行。

与柳林闸一样，淮安市的明代清江闸也是扼住运河咽喉的，人称"南北襟喉"，是漕粮必经之地。"帆樯衔尾，绵亘数里。"运粮季节，清江闸前漕船万艘，似千军万马过"独木桥"，一"夫"当关，万夫莫开。

2009年，清江闸上了邮票。国家邮政局发行《京杭大运河》特种邮票6枚，其中1枚出现清江闸和总督漕运部院。

长安闸在浙江省海宁市长安镇，始建于北宋1068年，长安闸是复式船闸，有上闸、中闸、下闸，上闸室、下闸室，上澳和下澳，是当时中国水利技术领先世界的标志性工程。

长安段运河落差150厘米。在启闭过程中，闸室会损失约4860立方米的水。如此珍贵的水资源要怎么节约呢？

靠水澳。船只进出长安闸，可节省闸室内四分之三的水。

三闸两澳的工作原理相当复杂，文字叙述不一定能说清楚，得麻烦大家看下长安闸构造示意图，或观看长安闸船只通过的视频。不过，复式船闸第一名不是长安闸，而是984年北宋建造的真州闸。真州闸比西方的荷兰船闸约早400年。《梦溪笔谈》记载，复式船闸发明后100年间，淮扬运河、江南运河上的堰埭几乎全部改成船闸。

"我为你翻山越岭，却无心看风景。"突然间，我的脑海里蹦出这句歌词。

别以为运河水只会平流，只会在平原地带溜达，它时常要巴山越岭，还拥有一个专有名字——越岭运河。

船闸也有专有名字——梯级船闸。世人都知山区地带的农田一级一级，像楼梯，不料居然还有梯田似的船闸。

13世纪前，地形落差最大的是元明两代开凿的会通河。会通河南连黄河，北接南运河、卫河，穿越运河地势最高的南旺。元代就是用船闸彻底解决了船队跋山涉水的困难。

在临清和济宁之间，元代造了31座船闸，明代增至38座。引水、蓄水、增闸、分水，利用地形控制水源流量和流向。靠船闸不断提升水位、降低水位，漕船安然越过山丘。

地理测量、水利设计、施工建设，梯田似的梯级船闸开始运行，此项工程比西方类似建筑足足早了350年。

我相信翻山越岭的船队，也是有心看风景的。

第三节

"坝"这些事，都是真的

"糯米能造运河的大坝？"

这是真的。

过去有些地方建房子，为了达到更好的黏合效果，会把糯米浆和蛋清搅拌在一起刷墙，作用类似于现在的水泥。不知一堵墙需要用多少斤糯米和鸡蛋，如果一户家庭食用那些用来盖房子的糯米、鸡蛋，可吃上多久？

坝是挡水建筑物，拦截江、河、渠的水流。防洪、供水、灌溉、发电、控制航运，坝样样都行。坝的功能很多，也因此不管从哪个角度看，坝都很长、很高、很大。与坝形影不离的字是"大"，人们常常呼喊"大坝、大坝"。

巨大的坝用糯米做黏合剂，请问需要多少糯米？

河北省东光县的谢家坝便是用糯米做大坝的黏合剂，当地老百姓说谢家坝是"铜底、铁帮"。糯米黏性十足，糯米做的大坝，把软塌塌的泥土变成了石头、铜和铁。

谢家坝位于南运河，那里是个险段。运河水流湍急，在拐弯处会形成激流，水一旦流不过去，就冲击堤坝。水患给当地老百姓带来巨大灾难。

清末，姓谢的乡绅从南方买来大量糯米，组织人力将糯米熬成粥，粥变成浆。按5%的比例，把糯米浆搅拌到灰土中。采用夯土工艺，一层累加一层，最后建成长218米、厚近4米、高5米的大坝。

事实胜于雄辩，高造价的谢家坝（纪念谢姓乡绅）终止了那段运河决口的历史。至今，"糯米"坝仍在运河边坚挺地屹立着。中国大运河申遗时，有关单位对谢家坝修整了一次。工作人员持手动钻，却无法钻进谢家坝，后来用电动钻才钻进去。在场人员不免大发感慨："真不愧是铜墙铁壁啊！"

戴村坝涛声如龙吟虎啸？

这是真的。

戴村坝在山东省泰安市东平县，建于明永乐年间。工部尚书宋礼采纳本土水利专家白英的建议，引汶河水入会通河。截断大汶河，再造小汶河，把水引向高海拔的南旺运河，其中一个做法是筑起戴村坝。

戴村坝是著名运河景点，长约1600米，高度不同的主石坝、窦公堤、灰土坝相对独立。滚水坝、乱石坝、玲珑坝高高低低，是主石坝中的三段。

六座坝同时漫水，犹如六条黄果树大瀑布直泄，漫天飞舞的水花笼盖四方，发出的响声宛如几百头龙虎同时吟啸，水声穿云裂石，似乎会震坏耳膜。

全国各地的游客慕名而去，只为近距离享受被水花笼罩的奇妙，感受巨雷的威猛。

山东有阳谷古闸群，四个闸组成闸群。戴村坝有六座坝，应该称之为坝群。

不同水位的河水从不同的坝上漫过，满足了航运要求，也调节了汶水的流量。汶河水就此南北分流，"七分朝天子，三分下江南"，轻松解决济宁以北水源不足的问题。

因此，戴村坝被誉为运河之心，简而言之，戴村坝在运河上的地位像人的心脏一样重要。

没有钢筋和水泥，用糯米做原料，在湍急的大汶河主河道上，建造的溢流坝高过河槽4米。戴村坝设计堪称完美，独特的施工前无古人，后也鲜有来者。精通水工的康熙皇帝见到戴村坝，禁不住感叹："此等胆识，后人时所不及，亦不能得水平如此之准也。"

三湾能抵一坝？

这是真的。

坐车翻过盘山公路，从山脚到山顶，弯道一个接一个，把人弯晕弯吐，弯到灵魂出窍。即便过了很长时间，但有些人的脑海中仍会残留恐惧的记忆。在运河上，也有这样的"盘水公路"，U形弯、Z形弯、Ω形弯、S形弯、几字形弯……

把隋唐大运河的一撇一捺往下压，拉直，变成京杭大运河，元世祖忽必烈投入的成本无法计算。运河直线距离缩短了近1000公里，好处说不完。既然如此，为什么还要大费周章，在运河的某些河段，搞出诸多弯道？

似乎有"不可告人"的秘密。

运河水道的地势有高有低，有落差。想要通航正常，有些河段就要蓄水，就得建闸筑坝。在水流中建闸垒坝，没有巨大的物力、人力、财力投入，谈何容易啊。

古人便人为地把直道做弯。激流过弯河道，水流便趋于平缓，撞船等事故就会减少。先人对运河流向的引导有如老子的"无为而治"。

当然，并不是真的"无为"，只不过与建闸和筑坝比较，弄条弯曲的运河更省力。

民间常有"三湾抵一闸，三湾抵一坝"的说法。

以弯道取代直道，最为著名的是扬州和沧州段的运河。1597年，扬州知府郭光把100多米长的河道，像拉面条一般，扯至1700

米，竟达17倍。河道蜿蜒曲折，水流着流着，就没了那个急性，水没了脾气，变得温顺可亲了。那段运河俗称"三湾子"，现在叫"运河三湾"。

从山东德州到沧州也有三湾，四女寺减河到谢家坝有88个弯。沧州段运河215公里内，做了230多个弯，平均一公里不到就有一个弯，九曲十八弯。

从空中俯瞰，扬州和沧州段的运河曲线完美。Ω形弯像个布袋口子，底部的陆地仅有几米，仿佛一抽线，便可拎走布袋；U形弯怀抱色彩明亮的村庄，温柔体贴；几字形弯不停地复制"几"字，多少有些俏皮可爱。

第四节
古纤道

一张摄于百年前的苏州宝带桥照片，被收藏家珍藏着。

宝带桥全身像没被拍全，桥身到边缘角不见了。看此照片，会让人产生一种错觉，宝带桥的桥身会像运河水一般，无限制地延长，没有尽头。照片泛黄，带着些许褐色，桥孔密密麻麻，个别孔洞仅剩一个黑点，却依旧清晰。运河上驶着一艘大船，宝带桥上站着一排身体向前倾的纤夫。

在不太明亮的夕阳下，宝带桥恬静、安详。1000多年间，作为纤道的宝带桥，与纤夫唇齿相依。航运兴盛，纤夫就很忙碌，纤道当然热闹了；一旦航运衰退，纤夫会跟着失业，纤道随之凋敝。

纤道乃古时行舟拉纤的道路，古称"官道""官塘"，是国家水运交通设施，主要由官府出资建设。

唐代时期，从苏州到嘉兴段的运河，漕粮运输繁忙，沿线筑有纤道。澹台湖和运河交界处水流湍急，纤道至此中断，缺口约三四百米。漕船经常滞留，引发交通堵塞。

在南北走向的运河中，漕船顶着秋冬季的西北风，没有机械动力，船帆起不了作用，靠水流无法前行。此时，需借助人力拉纤。建堤坝会切断水路，建桥是不错的选择，桥可通船，又可拉纤。

公元816—819年间，宝带桥建成。317米的宝带桥有53个桥孔，月圆之夜，桥洞会倒映出月亮，似杭州西湖三潭印月之奇观。宝带桥结构奇特、秀丽，如一条宝带轻盈地飘落在运河上。形态优美的宝带桥自带神奇色彩，留下多个版本的美丽传说。

世人或许以为纤道跟平常走的道路无异，只不过专供纤夫行走，未曾想到纤道会以一座长桥的形象出现。原来，现存古桥梁中最长的宝带桥是一条古纤道。

宝带桥古纤道是中国大运河世界遗产点，江南运河苏州段吴江古纤道和浙东运河绍兴段古纤道也是。

吴江古纤道在运河和太湖的混合地。那里的运河水面宽广无边，白茫茫一片，古称"一片白"。在风高浪急时，行船特别危险，翻船事故时常发生。

人命关天。

修堤、筑坝、建纤道都是吴江人的急需。

吴江古纤道始建于唐元和年间。纤道用巨大的青石垒成，每一条青石长约20分米、宽6分米、厚约5分米，重约4吨。直立的岸墙铺上石头，可当纤道，也成驿道。

古纤道长近5公里，宽4米左右。让世人意外的是，修建此古纤道，历唐、宋、元三朝，持续数百年，这在运河水利建筑史上并不多见。

唐时，纤夫弯腰拉纤，吃水很深的船只缓缓移动；宋时，纤夫使出全身力气，拉动纤绳往前走；元时，纤夫脸上的汗滴落在青石上，纤夫的草鞋磨平了粗糙的石面。无数纤夫拼尽全力走过，古纤道的青石变得凹凸不平。如今，青石已经斑驳，沿着运河远去。

一边是运河，一边是太湖，吴江古纤道水陆并用，结束了苏州南部河、湖不分的历史。它还有一个名字，俗称"九里石塘"，也有人称之为"水上长城"。

听到"水上长城"这个名字，世人脑海中也许会蹦出"壮观""辉煌"的字眼。取此名因它们外形酷似，神韵也相仿。吴江古纤道消解了风力，方便航行，也使湖东、河西的沼泽地逐渐变成良田，确实起到了"长城"的作用。

绍兴古纤道建造朝代更早，西晋时开始修筑，西兴运河开凿后，岸边逐渐形成纤道。

至唐代中叶，绍兴黄酒、丝绸、茶叶、瓷器等商品美名远扬，成为畅销货。陆路运输缓慢，水路通行便利。走运河、用纤道，迫在眉睫。纤夫们拉着200多米的纤绳,一天急行,可走出20多里。舵工把舵,船得行驶在河中央,这是防止船只遇上浅滩,船一旦搁浅,麻烦就大了,运河行船有窍门。绍兴的特色产品借纤道,被源源不断地运出。

唐元和十年(815年),绍兴对运河纤道进行大规模修建。修筑纤道的材料取自运河中的泥沙,纤道是用泥土铺成的。晴天,纤夫在泥路上拉纤。雨天,纤道变得泥泞,行人两手空空行走,也湿滑不已。但纤夫拉纤是负重前行,要拼尽全力。在河边行走,鞋子会打湿,纤夫们一般不穿鞋,赤脚拉纤。遇到大风大雨,纤夫被吹入河中不是新鲜事。

明弘治年间,绍兴古纤道改用石砌。在泥土纤道上,铺上当地生产的青石,经久耐用。如果是路,纤道和石板路合二为一;如果在水中,就架起小桥。

绍兴境内古纤道也有"宝带桥段"。宝带桥段全长378米,桥孔112个。另外还有"玉带桥段",全长502米,桥孔149个。

某日,我从绍兴回杭州,路过柯桥时,遇上堵车。余光瞥见一排石板路把一条河分开,继而出现小桥,桥下有乌篷船穿出。我急忙找地方停车,前往细看,发现桥头有几块石碑,刻着"古纤道""浙东古运河""大运河绍兴县段"等文字。眼前的纤道由条石砌筑而成,石板铺于上面,向前笔直延伸。纤道、小桥、水鸟、运河、乌篷船,见此风光,心情犹如飞鸟掠过蓝天。

漕运停止后，纤道上再也没有强劲有力的纤夫、结实绵长的纤绳，不需要再去拉帝王的龙舟、官府的漕船、贵族的画舫。

斜阳把运河染上了金色。

纤道上的传奇、轶闻都消散在运河的水波中。

第五节
百舸争流

北宋张择端的《清明上河图》、明朝仇英的《清明上河图》、清代徐扬的《乾隆南巡图》等运河主题名作中，出现了各种船只。研究此类名画，船是避不开的话题。从古至今，舟楫是运河画作中不可或缺的主角。

拉纤、升帆、荡桨、撑篙、摇橹……运河上船只终日忙碌，造就两岸繁华热闹。

千里运河，各种大腕舟楫登场。

一号大腕：战船。

乘客：夫差和他的军队。

春秋战国时期，乘坐战船在运河上出没，南征北战不止的人当中，名声最响的数吴王夫差。

吴王击败西方的楚国和南方的越国后，他一心想称雄中原，成为一代霸主，遂攻打北方的齐国。水路成了唯一选择。吴王一声令下，揭开运河挖掘的帷幕，各段运河沟通互不相连的水系。吴王夫差成为运河开凿第一人。

战船像倒饺子一样，纷纷下水。名字奇特的大翼、小翼、楼船、桥船统统上场，运输船紧随其后，吴王率舰队北上。

"艅艎何泛泛，空水共悠悠。"南朝梁的王籍在诗中写道。"艅艎"是吴王乘坐大船的名字，吴国水军的指挥战舰，体积庞大，能攻又善守。吴王坐在高高的艅艎上，指挥船只向前冲，对方军队的船只纷纷败退。从此之后，"艅艎"就特指华丽的大船、勇猛的战舰。

2500多年前，能制造出艅艎，可见吴国造船技术水平高超。

二号大腕：龙舟。

乘客：隋炀帝、康熙、乾隆。

《资治通鉴》记载了隋炀帝第一次下江都（今扬州）的情形。这是一座移动的宫殿，隋炀帝乘坐的龙舟长60米，高15米。按现在商品房高度计算，开发商可盖成五层楼。顶层风月无边，是正殿、内殿、东西朝堂，皇帝用来现场办公，接见大臣。皇帝好似依旧没有离开京都的宫殿。中间两层有120个房间，主要供皇帝娱乐休息。宫中有的，龙舟上照搬。搭个舞台，开个音乐会，听钹、笛、排箫、琵琶、筚篥和竖箜篌等乐器演奏；在船上不方便狩猎，但可以击剑、耍棒锻炼身体。下层是内侍住房，负责皇帝的日常生活，并保驾护航。

中国皇帝自诩为天子，是龙的化身。龙舟，即龙之船，那得跟龙关联，隋炀帝乘坐的船便是一条巨龙。龙头威严，龙尾腾飞，一副天子气派。

紧跟龙舟之后的是皇后乘坐的翔螭舟。翔螭舟略小，乃缩小版的龙舟。翔螭舟后面有9艘三层大船，装着皇帝、皇后的日用品。王公贵族的数千艘船只紧随其后，船名挺奇特，曰漾彩、朱鸟、苍螭、白虎、玄武、飞羽、青凫、凌波、五楼、道场、玄坛、板舠、黄篾，乍见诸多动物名字的船只，简直误以为进了动物园。

船尾连船头，船头接船尾，船队绵延100多公里。运河被装扮得金碧辉煌，异常壮观。

能制造出这么一支船队，隋炀帝时代造船技术达到的高峰，不得不让人仰视。

见过隋炀帝下江南的架势，康熙和乾隆爷孙俩几次下江南巡河和游玩，就不再赘述了。

三号大腕：漕船。

乘客：运粮的官兵、水手。

战船仅在特定时间、地点出现，皇帝巡河毕竟次数有限，除上面三位皇帝外，其他皇帝出巡鲜有如此声威和气场。漕运维系国家命脉，漕船才是运河上真正的主角。

漕船日夜出行，年年忙碌。

漕船运粮、茶、盐、香料、马匹等各类物资，但以运送漕粮为主。仅明代，漕船数量达12000艘，每年从浙江、江苏等省运输漕粮无数，押运漕粮的官兵和水手12万人，朝廷不得不在江苏淮安专门设立漕运总督衙门，统理全国的漕运事务。

各朝政府非常重视漕船安全。唐宋船舶制造业一片繁荣，水密舱、平衡舵等技术得到广泛应用。至明朝，中央工部总辖全国船厂，地方有专人负责。工种分得很细，工匠就有拆船匠、大木匠、细木匠、锯匠、舱匠、画匠之分。术业有专攻，工匠日复一日操练，每人都可以拿出自己的绝活。

船只天天使用，损坏难免，就如汽车行驶在马路上，免不了磕碰。明成化年后，朝廷对船只质量提高要求，材料从原来的楠木、杉木、杂木，改为只选楠木，使用期为10年，像汽车要定期保养、年检，时间到期要报废。如果船只要经过淮安清江坝的，船只磨损会比较严重，直接影响其寿命，使用期则为5年。这种规定倒也符合实际。

朝廷并不担心官兵会提前谎报漕船受损，不按规定修船，因为造船是国家、军、民三方出资，利益捆绑在一起。如果故意破坏、沉没漕船，惩罚很残酷，甚至会让漕运军士家破人亡。

四号大腕：各式各样的船。

乘客：各类人员。

除漕船外，运河上国家组织的船很多，还有运输宫廷物品的黄船、装载进贡官物的快马船、收税的抽分座船、外国使节乘坐的使节船、救生的红船、巡漕御史及官军的巡船、清淤疏浚河道的沙船、传递信息的哨船、押漕官员的大篷船。

另有众多民船、商船、货船、渔船。

运河上不同的主角你方未唱罢，我即登场了。唱不尽帆樯林立，说不完千帆桨影。

百舸争流，长风破浪。

第五章

运河的琳琅胜景

　　大运河是建筑遗产，科技价值重大。运河两
畔的桥、宅、城门、街区、园林建筑美不胜收。

第一节

桥桥桥

河多，水多，桥一定多。运河上桥梁遍布，古老且别致。

苏州是运河城市，雅号水城，近一半面积是水。世人知道苏州城古桥多，但或许连大致数量都猜不出。民国时期，苏州城区分布了1000多座桥梁。在一张老地图上，房屋、田地、树木镶嵌在规整的水道中，房前一座桥，屋后一座桥，转角还是一座桥。

目前，苏州现存桥梁有400多座，数量众多。10座著名的古桥风景依旧。

最古老的是建于春秋时期的乌鹊桥。传说阴历七月七，乌鸦和喜鹊会聚成一座桥，让牛郎织女相会。文学形象很美好，文人诗篇常流传。至今，时有恋人在2000多岁的乌鹊桥上相会，祈求今生相爱不分离。

从《枫桥夜泊》中走出的枫桥自带光芒。月落乌啼、江枫渔火，一孤舟、一游客，羁旅异乡，忧心家国，愁在枫桥畔。因张继夜泊，枫桥扬名海内外。

站在苏州盘门城墙上，一眼便见高高的吴门桥飞架在运河上。桥下的河水经过一座小桥，向盘门的水门流来，桥连桥、水通水、桥接门，呈现出一种诗歌的意境。吴门桥朴素典雅，与盘门互为对方的风景。

在苏州的众多桥梁建筑群中，宝带桥造型优美、传说奇异，苏州人尤为喜爱，用诸多文字倾诉对它的深厚感情。运河水流淌不歇，宝带桥下不再是1200年前的运河水，但53孔宝带桥如初生般生辉，日夜展示着古桥梁建筑的卓越水平。

中国大运河是建筑遗产，具有重大科技价值，符合申遗标准，"是一种建筑、建筑群、技术整体或景观的杰出范例"。这在运河桥梁上得到完美体现。浙江境内的长虹桥、拱宸桥、广济桥、八字桥入选世界遗产名录，它们是运河沿线典型桥梁的代表，各自有彪悍的"桥生"。

长虹桥始建于明万历年间，如天边长长的彩虹卧在嘉兴运河上。石拱大桥，三孔实腹，长近73米、宽约5米，主孔跨16米多，拱矢高约11米，两边孔各跨9米多，两侧都有57级条石台阶。把这一串数字连起来，长虹桥的雄伟气势从每一块砖石缝隙中冒出。

乾隆皇帝下江南到嘉兴境内，长虹桥是接驾处，乾隆从长虹桥畔上岸。皇帝出巡是稀奇事，运河沿岸老百姓不放过此机会，全拥来一睹龙颜。在《虹桥画舫图》中，嘉兴人顾梁描绘了当时的情形。

《虹桥画舫图》被誉为嘉兴的《清明上河图》，图中绘有650多人。皇帝乘坐的龙舟缓缓驶来，华盖炫炫，龙幡飘飘；官船紧跟其后保驾护航；民船上堆着货物，乘客众多；戏船里，演员和观众神情愉悦。长虹桥前后有各种船只30多艘。桥上、墙边、运河两岸像拥挤的戏台下，男女老少把高高的长虹桥挤满。众人从墙头探出观看，小孩人矮看不到，有四个孩子竟然爬到树上，比谁都高。

皇帝出巡，全民狂欢，长虹桥畔热闹异常。

在江南的软土地基上修建一座长桥，先天条件不好。古人想出很多办法，采用"推土法"施工，轻松解决造桥要搬运大块石头的困难。

只是长虹桥时运不济，遭遇战争、人祸，三毁三建。不过，400年来，长虹桥依然矗立，见证运河水流千年不息。

每当从桥西头的桥弄街或桥东头的运河广场走向古老的拱宸桥，游客会在高高的桥上驻足。当年南归的杭州游子见到京杭大运河最南端的地标桥，见到停留在桥上的行人，会是怎样的心情？

桥东头立着一块石碑，上面特意介绍桥名来历：宸，帝王所居。拱，即为拱手相迎之意。拱宸桥象征着对古代帝王南巡杭州的相迎之意。也有人找出《论语》来解读："为政以德，譬如北辰，居其所而众星共之。""共"与"拱"通，"辰"与"宸"通，象征老百姓拥戴实行德政的统治者。"拱宸桥"之名的两种阐释都有道理。

如果有人去查看拱宸桥的拱券厚度，定会觉得不可思议，拱石厚度仅30厘米，高超的造桥技术让人无法想象。

广济桥在杭州市塘栖古镇，是运河上保存至今规模最大的薄墩七孔石桥，与拱宸桥、长虹桥同为运河三桥。

运河三桥的美誉绝不是虚言：它们都是高拱石桥，桥拱负载大；剪力墙体结构，榫卯构造，结实；体量大，能通过大型船只；从美学角度看，都极美，文人墨客不吝赞美，流传下诸多诗篇。

与上面几座地处运河交通要道的桥梁不同，位于绍兴城区的八字桥偏隅一方。如果不刻意找寻，很容易忽视它的存在。

八字桥始建于南宋嘉泰年间（1201—1204年）。两座桥相对，桥身却是倾斜的，形状如八字，因而得名"八字桥"。石材构建的八字桥位处交叉点，三街、三河、四路，水陆贯穿，南北通达，复杂的交通问题被轻松解决。

如果想象不出八字桥的形状，可参考城市中遍布的立交桥。其实，八字桥就是我国最早的"立交桥"。

世人琢磨八字桥的奇妙构思和奇特造型，会从八字的"撇"走向"捺"，从"捺"走到"撇"，几个回合后，定会明白八字桥入选世界遗产名录的原因。

美哉！

第二节

大"宅"门

在天津杨柳青古镇的一家石门外，我驻足不敢前往，难道眼前真是闻名于世的石家大院？石家大院可是"华北第一宅""天津第一家"。

大院门口的墙上有一块石碑，上面是石家大院简介。的确，此处便是石家大院。

与其他高大华丽的名宅不同，石家大院的大门低矮，朴素至极。站在大院前往后看，里面的房子似乎没有高过"宅"门，都是些矮平房。

当走完石家大院，我猛然明白北京人喜欢逛石家大院的原因了。

石家大院的主人石元士靠漕运发家致富，成为津西首富，拥有万亩良田，还有当铺、钱庄、布庄等。在乾隆年间，石家定居杨柳青。

大院始建于光绪初年（1875年），占地面积近10000平方米，院落18个，房屋278间，仅客厅主体和戏楼建筑就耗去白银30万两。大院建了几十年，石家高薪聘请了几十位能工巧匠。

大院是典型的四合院建筑。院中有院，院外有院，院院连套。独特的设计随处可见，奇妙的想法让人惊叹。

垂花柱，顾名思义指檐柱不落地，垂吊在屋檐下，柱上雕刻着花卉。垂花柱是四合院中一道很讲究的门，是宫廷传统建筑的绝活，民间极少见。

大院里有三道精美的荷花垂花门。第一道为含苞待放，雕刻的是含蓄的花骨朵，坚挺且饱满；第二道称花蕊吐絮，荷花花瓣全打开，纵情怒放；第三道乃籽满蓬莲，雕出绽放的莲花和饱满的莲子。三道垂花门的莲花造型不同，寓意石家子孙世代昌隆。

石家大院居然有现代地暖装置——地炉，整个大院底下布满通烟的暗道。不过开销极大，一晚上要烧掉200斤炭。即使屋外大雪漫天，房内依旧春暖花开。压不住好奇，游客还会实地查看一处地炉行走线路。检查完毕，会感慨一声："设施着实先进。"据说当年这种地暖装备仅故宫才有。

戏楼往往专属于皇亲贵胄家，可石家大院就有。石家戏楼被称为民宅一绝，至今还是我国保存最完好、规模最大的封闭式民宅戏楼。

戏楼有观众席120座。横梁上，悬挂着双雕宫灯；梁柱面，镶刻着精美木雕；立柱间，下垂着12盏壁灯。冬暖，因为有地炉；夏凉，因为地面的青石地板会散热，打开东西两侧门窗，空气可对流。砖石是特殊烧制的，石块被叠得北高南低，能拢音，无须扩音器，只要有人在戏楼歌唱，乐声便会弥漫在戏楼的每个角落。

戏楼上，著名京剧表演艺术家孙菊仙、余舒岩、龚云甫等名角唱过堂会。孙菊仙的唱腔似大海波涛汹涌，一浪接一浪，感染力极强。他独创的孙腔一波三折，声音终止时，却突然放歌，犹如雷鸣。可惜戏楼里并没有播放孙菊仙表演的影像资料。居于戏楼中央，我免不了去遐想，孙菊仙一曲唱罢，谢幕离开，但他的声音仍萦回于戏楼，或许绕梁三日在这个戏台是会发生的。

生旦净末丑，宫商角徵羽，戏楼里频频上演春秋大义。

800米长廊上描绘着精美的绘画作品。

石家大院门口朴实，似普通民宅，门内却是一座宝藏，无处不让人惊奇，每一处建筑都有丰富、巧妙的寓意。这座文化大院彰显了中国古民居建筑的博大精深，来过的人不愿离开，即便过去多年，说起石家大院，依旧如昨日，记忆清晰，形象饱满。

逐水而居是人类共同的习性，运河城市形成独特的建筑，南方枕水而居，北方临水高居，运河名宅各自引领建筑风向。扬州盐商无人不晓，盐商名宅当数汪鲁门和卢绍绪的住宅。

汪鲁门住宅是徽派建筑群，共九进，房屋100余间，石雕、木刻精美，是扬州现存规模最大的盐商旧居。汪鲁门建筑上楼下厅。楼上是"串楼"，房间串在一起，从第一间始，可通至最后一间房。房屋设计渗透儒家思想，如地面没有台阶，但无形中海拔高度在变化，一处高过一处，寓意步步高升，含蓄委婉地表达主人的心思。

北方运河民居则以河洛康百万庄园为代表。

南北名宅建筑风格迥异，但它们很相似：规模宏大，如康百万庄园总建筑面积64300平方米，院落33个，楼房53幢，房舍1300间，窑洞73孔，堪比一座城；用料讲究，楠木大厅不稀奇；雕刻精巧，砖雕、木雕的动植物，无不以假乱真；建筑群艺术价值高，融合文化、艺术、美学，甚至中西方文化糅合。

运河边的建筑除名宅、民宅外，还有官署。官署是朝廷用来治河、管理漕运的机构，供漕运官员办公、住宿。

在江苏省淮安市，明清两代建立总督漕运部院。它是主管全国漕运的唯一机构。

那个漕运官署真气派！

总督漕运部院占地约30000平方米，213间房子。大门、二门、大堂、二堂、大观堂、淮河节楼在中轴线上；官厅、书吏办公处、东林书屋、正值堂、水土祠、百录堂、师竹斋、来鹤轩分列东西两侧。三座牌坊上写着漕运官署的职责：重臣经理、总共上国、专制中原。

漕运官署的运行关乎国家命脉啊!

运河沿线的官署还有济宁的河道总督衙门、扬州的两淮都转、盐运使司衙署等机构。

第三节
水陆双城门

古时，城楼往往是一座城的地标建筑，是城的符号。官府常在城楼上、城门口举行重大的政治和礼仪活动。在古装剧中，我们频频遇见各朝代的城门。

瞧，这部剧中有人在城楼颁发诏书，原来今天是皇帝登基之日。新帝即位会做一些常规动作，如在城楼上宣布大赦天下。

看，那部剧中一大帮群众演员穿戴整齐，在城门外的集市上晃荡，啥事也不做。"放下城门，放下城门。"远处，城外有人高喊。见是自己人，城楼上的士兵马上放下吊起的城门，城外人便进了城。

在古代，一座城往往被一堵墙包住，高高的城墙抵挡了强敌入侵。城门是交通要道，是进城、出城唯一的道路。城门口通常会有城池，成语"城门失火，殃及池鱼"的形象说法就来源于生活。一旦遇上水漫城池，城门一关，洪水就被拦在门外了。

中国古城多，古城门便多。民间排出十大古城门，天安门、丽景门、中华门、朱雀门、玄武门、定鼎门、正阳门、永宁门、大梁门、凤山水门。虽不是官方排名，但每一座城门凭实力上榜，皆有说不完的故事。

十大排名中凤山水门是唯一的"水"之门。古代部分城市的城池设有水门，水道穿过城墙进入城内，城门开启或闭上，须有"门"路。该引水进城，还是把水挡在城外，水门说了算。

凤山水门建于元朝末年（1359年），由起义军领袖张士诚所建，是水陆双城门，陆门在光绪年间被拆除。凤山水门属当年临安（今杭州）五座水门之一。

十多年前，我路过杭州市区的中山南路与中河路交叉处，看到一座低矮的小城墙，城墙中间顶部保留，城墙两边却断了。小城墙在南宋皇宫偏北处，南宋御街东面，城门横跨中河（南宋时的护城河）。杭州是中国七大古都之一。我猜想此处定是古城墙，有关部门不会凭空造出一堵残垣断壁。

走近细看，果真如此，城墙南面的拱门上写着"凤山水门"。城门上刻有浮雕，讲述昔时杭州老百姓的婚丧嫁娶、衣食住行、渔船码头等生活，官兵在此驻扎，从城门进进出出。

凤山水门颇有"一夫当关，万夫莫开"的气势。钱塘江的水流向运河，凤山水门是必经之路。钱塘江水从龙山入凤山水门，再过杭州城内通达四方的水道，到达武林门，与运河水连通。凤山水门让钱塘江水和运河水完美地"你中有我""我中有你"。

凤山水门是水上交通要道，连接城内外，转运和分卸水流，水门处的河道依旧保留着元明时期的状态。站在斑驳的城墙砖瓦前，我努力辨别古杭州的模样，想象古杭州的生活。

眼前似乎出现一幅画面：几百年前，凤山水门城门上的士兵放下吊篮，老百姓坐进去，士兵拉起吊篮，老百姓便上了城楼，即进城了。如此反方向操作一番，老百姓便出城了。凤山水门城墙跟别处城墙比，显得有些低矮，老百姓想必不会有恐高的担忧。

世事沧桑，600多岁的凤山水门遗世而独立，它成为杭州城唯一保存下来的古城门。

水陆双城门、世界遗产点，凤山水门拥有的，苏州盘门都有。

盘门连接运河与苏州古城，建于春秋吴王阖闾元年（公元前514年），由伍子胥督造，建有陆门、水门和瓮城。

陆门分内外两门，中间有通天夹道，如果陆门关闭，夹道下闸，敌军纵有天大的本领，也只能被挡在城外。

第一次走进盘门的瓮城，我绕着内墙走了一圈后，站在瓮城中央，抬头仰望四周。古人造词的智慧让人佩服，"瓮中捉鳖"十分贴切、形象。瓮城口子小，腹中大，四周城墙高陡。敌军一旦侥幸破了第一道陆门，进入瓮城，通往城内的大门却紧闭着。突然，空无一人、寂静无声的城楼上布满了士兵，他们手上的弓已拉满，箭在弦上。

瞬间，万箭齐发。

即便敌军立马长出双翅，也飞不起来，墙头上射出的箭织成四方形的箭网，从天而降，盖严瓮城平地，不漏一个角落。敌军只有死路一条。这情景可参考电影《满城尽带黄金甲》中的射箭桥段。

阳光明媚，天空湛蓝一片，我望向城楼，似乎每个垛口都会有箭射出。我不寒而栗，连忙退出至城门外。

盘门的瓮城与凤山水门有渊源，都与张士诚有关，不过瓮城是他重建的。盘门的两道水门既作军事防御，也控制水位，水门可变成城门洞，让交会的船只顺畅通过。

十个月后，我再次来到盘门。走在梯形护城墙上，踏着每一块年代久远的石板，从锈迹斑斑的土炮联想当年战火弥漫，猜测守城的将领怎么发号施令，城楼士兵怎么放下绞关石，官兵们怎么摆脱敌军火攻城楼的困境，水门与陆门怎么交替使用。

站在高阔的城门上，我专注地望着将军楼牌匾上的"水陆萦回"繁体字，"萦回"一词恰如其分，去盘门两次，我才弄清楚盘门的回旋环绕，果真是"萦回"啊。

盘门制造绝妙。战时，守城防御；汛期，防洪泄洪；平常，水陆通用。

盘门真是世界建筑史上的奇迹。

第四节

街区印象

因平江历史文化街区，我曾两次去苏州。

参加《浙江省大运河世界文化遗产保护条例》立法调研，在古城的东北隅，体验苏州保存最完整、规模最大的历史文化街区的独特魅力。

原来，苏州与平江同名。

苏州城始建于公元前514年，春秋时吴王阖闾所建，第一个名字叫阖闾大城；隋朝时，因姑苏山，首次出现"苏州"地名；唐代，"苏州"一词被固定；宋代，苏州为平江府；元代，苏州是平江路治所；明朝时，被朱元璋改为苏州府。"苏州"一名便沿用至今。苏州故称还有吴都、东吴、姑苏等名字。

宋元时期，平江乃苏州，苏州城即平江城。故此，才有平江路、平江街区之说法。

地名文化厚重、跌宕，如连续剧，一集紧接一集。

苏州的故事听得不够尽兴，十个月后，我再次到苏州。走在平江路的石板道上，试图深读2500岁的平江，想在与苏州同名的巷子里，找寻"苏州古城的缩影"。

世人对苏州古城的所有幻想，平江路一一给予满足。古巷幽深、小桥流水、白墙青瓦，井、树、城墙、河道、街巷、民居、园林、会馆、牌坊等均保持着古建筑风貌。

文物古迹100多处，古代城市景观风貌100多处。平江历史文化街区是一座江南传统城市建筑博物馆，只不过大门敞开，四周没有围墙。

房子枕水而建，年岁已高，白墙上夹杂灰色、褐色、黑色，斑驳陆离，想必有故事。墨绿色的爬藤从房顶上垂挂下来，鲜艳的花朵在艳阳下恣意开放，房屋于沧桑中露出丝丝青春气息。

平江没有清空原居民，这与大部分历史文化街区不同。平江路两侧分叉出多条窄巷，在背街小巷中，生活着8000余户原居民，人间烟火气息浓郁，每天上演姑苏的市井风情。

原居民成为街区的活档案、活导游、活地图。

翻开宋代的《平江图》和明末的《苏州府城内水道总图》，同时看见"水陆并行""河街相邻"的词组。至今，平江路基本保持着几百年前的双棋盘格局。

苏州古城河多、水多、桥多，素有"古宫闲地少，水巷小桥多"的说法。街区里古桥众多，思婆桥、寿安桥、雪糕桥、胜利桥、青石桥、众安桥、小新桥、胡厢使桥,每一座桥梁都有精彩的"桥生"。

思婆桥的石头是宋代遗物;众安桥和小新桥是江南地区特有的桥梁,双桥结构,分横桥和竖桥,名字虽带"新",但在宋代即有文字记载,已历经岁月洗礼;胡厢使桥是古城仅存的七座古石拱桥之一,曾经修整过,但构件依旧是宋代的,原封未动。

立于平江路某座桥上,面前是街,我转身,看见旁边还有一座桥,那桥下的河与脚下的河交叉,水上立交随时出现。造型各异的桥梁穿过岁月,走至今日。青石板上,几百年前的古人与今人同时踏过,脚印痕迹被层层覆盖。

拍街景,闻香识色,进乐器店拨弄古琴,拜访民间艺人,随人流推开一家昆曲社、评弹社,听上一曲。

"朝飞暮卷,云霞翠轩,雨丝风片,烟波画船……"台上女子清丽的唱腔萦绕在昆曲社,带观众穿越到南宋去。一曲歌罢,台下掌声热烈。

如不过瘾,可去深巷寻找中国昆曲博物馆、评弹博物馆,继续钻研昆曲、评弹艺术,也可寻觅名人故居,与20多位名流隔空对话。不妨让时光缓慢下来,静静品尝苏州美食,味蕾是不会撒谎的。

在杭州生活,当地人会带外地朋友去桥西历史文化街区。

桥西的"桥"是大名鼎鼎的拱宸桥。拱宸桥乃水陆交通要道,桥两岸人气旺，老百姓集聚多，自然形成街区。

1889年，杭州最早的机械纺织企业建立。而今，遗址被改建成中国伞博物馆、中国扇博物馆、中国刀剪剑博物馆等运河工业博物馆，建筑群保留着清末民初的江南风格。

旧时，桥西被称为"小上海""北关夜市"，每天热闹非凡。米行、鱼行、纸行、酒行、柴行、洋行，样样都行；烟馆、茶馆、戏馆、菜馆、赌馆、酒馆，馆馆都有。

如今，桥西变身为中药特色街区，国医馆、国药馆的幡旗飘飘，美食、文创、服饰等坊店点缀其间。

古典的招牌、浓郁的药香、橱窗里的纸伞，疑似梦回宋朝。外地朋友们走入小街窄巷，看老杭州人的生活，或是倚栏看船只穿过拱宸桥，发呆晒太阳。

南浔历史文化街区于我是一种很奇特的感觉。

古老的街区适宜夜里游、雨中游、雪下游。某次出差路过南浔，众人提议夜游南浔。十多人走在明清格局和风貌的屋檐下，河对面的老房子倒映在运河上。突然间，音乐响起，对面房屋上出现蚕桑、缫丝、农耕的明清时代人物，南浔小渔村蝶变为经济重镇的画卷铺开。连绵的房屋变成没有边缘的屏幕，屏幕上的场景又倒映在灯光下的运河上。

那一夜观影体验，众人再也忘不了因运河而兴的南浔。

南方人都爱在运河的水系边居家过日子，或把运河水引到家门口。岁月沉淀，独特的居住模式最终演变成街区。

著名的历史文化街区还有苏州山塘、无锡清名桥、绍兴八字桥等，以及运河嘉兴段的月河、芦席汇、梅湾街、王江泾一里街等。

历史已经远去，但文化街区流水不腐。

运河边的历史文化街区这株老树抽出了鲜嫩的枝芽。

第五节
古典园林甲天下

圆明园究竟是被谁烧毁的？

圆明园该不该修复？

是记住屈辱的历史，还是撒播仇恨的种子？

在圆明园废墟遗址前，我想起《圆明园的毁灭》课文教学的三个思考题。

文章关键词是"毁灭"，却用大量笔墨写圆明园辉煌的过去，"毁灭"仅浓缩为七行字。鲁迅说："所谓悲剧就是把美的东西毁灭给人看。"世人给皇家园林圆明园取了个外号"万园之园"。圆明园的毁灭是文化史上最大的悲剧之一。

曾有人提议修复圆明园，再现园林艺术的瑰宝、建筑艺术的精华。提议引发全网讨论，最后意见趋于统一，圆明园不该修复，圆明园遗址会时刻提醒中国人，国家不强大就会挨打。

圆明园是南北园林建筑文化融合的集大成者。

在圆明园中，世人寻找西湖的苏堤春晓和花港观鱼、苏州的狮子林、扬州的趣园……每座园子都有江南园林的原型与影子。

乾隆皇帝六下江南，坐船沿运河南巡，每次都有画师跟随。

"这座园林的构思不错。"

"轩、榭、廊、坊造型真别致啊。"

"我看这座园林的假山、水系、花木种植都值得借鉴。"

画师们边赞叹，边画下江南园林的模样。画稿全部带回北京，建园时可以作为蓝本参考。

颐和园是一座保存最完整的园林，被誉为皇家园林博物馆。它模仿的对象是杭州西湖的风景，借鉴江南园林的设计手法和意境。承德避暑山庄也融合了南方园林艺术。

1961年，国务院颁布第一批全国重点文物保护单位名单，园林有苏州拙政园、北京颐和园、承德避暑山庄、苏州留园。这就是后人常说的中国四大园林。榜单上的北方两大园林借鉴南方园林的设计理念，苏州两座园林入选。

有人问："说到苏州，第一个想到的是什么？"

准是苏州园林。清末时，苏州大小园林有270处，至今还有69处。

"江南园林甲天下，苏州园林甲江南。"此话并非妄言。

拙政园字面之意为"拙"者从政之园。初见此名，世人也许会猜测，拙政园是文人退隐的避难所吗？

此园名为其中一位主人明代王献臣所取，取自晋代潘岳的《闲居赋》。在乡间盖房种树，逍遥自得。池鱼足够我垂钓，春米入税，便要下地耕田，灌园卖菜，可供朝夕之膳……"此亦拙者之为政也"。与陶渊明的"守拙归园田"有异曲同工之妙。

在夏日闷热的午后，我走进园中。粉墙黛瓦，栗柱灰砖，亭台楼阁点缀在葱茏花木间，蜿蜒水系绕着深深庭院，随着脚步移动，风景变化多姿。道家的哲学味道、归隐的修身养性、唐宋诗词的意境，一一呈现。虽是人工，宛如天成。在中国园林之母的家中，世人常忘记光阴，沉醉不知归路。

工作、生活在杭州，带外地来的朋友赏西湖，杭州人有无数个理由。

西湖是自然山水园林的代表作。"三面云山一面城"，湖于中心，三面小山高低起伏，色彩浓淡不一，温柔地环抱着湖，西湖面朝杭州城，湖与城如恋人。在城边，透过低矮的天际线，一眼便见清波荡漾，岸边碧树红花，远处青山如黛，虽身在凡尘，但似乎已远离尘嚣，忘却烦忧，身心愉悦。

"园外有湖，湖外有堤，堤外有山，山上有塔。"

西湖如此景观格局引来无数赞美。"水光潋滟晴方好，山色空蒙雨亦奇。欲把西湖比西子，淡妆浓抹总相宜。"苏轼修整了西湖，西湖的外湖、西里湖、小南湖、岳湖、北里湖等水域完全如苏轼诗中景象。苏堤、白堤、杨公堤，堤堤精彩。连接白堤的孤山上有西泠印社，半亭、吊脚楼造型均随地势而改变。

"晴湖不如雨湖，雨湖不如月湖，月湖不如雪湖。"西湖四时皆是景致。春日，桃柳相间；夏季，映日荷花别样红；秋天，满城尽是桂花香；冬季，断桥残雪。

从南宋至今，西湖十景、钱塘十景、西湖新十景版本不停流传。曲院风荷、平湖秋月、断桥残雪……每一字都有魔力，景点名称蕴含美学和哲学内涵，紧紧拽住游客的心，让人无端地欢喜。

杭州的西湖是世界的西湖，西湖向全世界敞开怀抱。"天下西湖三十六，其中最美是杭州。"古典文学、绘画书法、雕刻建筑共同铸就中国山水美学的园林经典。

扬州园林名气极盛，何园、个园都让人留恋。在靠近北方的扬州园林中，南北园林文化完美融合，扬州瘦西湖便有北方皇家园林的风格。

任何一座园林离不开水，更不用说运河边的园林。

江南水网密布，苏州、扬州、无锡、常州、杭州等古城水系与运河连接。运河穿城而过，或从城边经过，满足漕运，方便百姓生活用水，还造就了享誉世界的运河园林。

如果要追溯运河园林历史，可至春秋时吴国建的姑苏台。姑苏台是吴王与西施居住的行宫，历代文人作品中常出现姑苏台，李白就有"姑苏台上乌栖时，吴王宫里醉西施"的诗句。

　　之后，东晋的辟疆园出现。辟疆园是江南最早的私家园林。明清时期，退隐官员在苏州运河边建园林，成为一种时尚，居于四大园林榜首的拙政园便是代表。

第六章

书画说唱运河

　　运河为人们提供了丰富的精神文化。运河是流动的书法博物馆、长长的画廊、文学之河、戏剧之路。

第一节
流动的书法博物馆

路过镇江，我想起不久前观看的越剧电影《白蛇传·情》，因一直惦记着"水漫金山寺"桥段的拍摄，便上金山寺去探究，即使明知那是虚构的地点和情节。

镇江是长江和京杭大运河唯一的交汇枢纽。沿着运河，佛教传到镇江，金山寺是标识。

建于东晋，禅宗古刹，已近1600岁，还有诸多动人传说，几个词组一摆，金山寺自带吸引力。奔赴金山寺的游客络绎不绝，他们上山到此一游，打卡留影。

历代文人骚客为金山寺作诗、题联，像寺门口的长江水，一浪高过一浪。金山寺亭内石碑上写着"江天一览"，右边紧挨着一行小字"康熙二十六年"，横批"御笔"。此石碑是金山寺一宝，寺中最为有名的书法石刻。书写者是康熙皇帝。

当年，康熙南巡到镇江。他站在金山寺顶远望，只见长江浩渺一片，风景美如画。这是自己家的江山啊！他不由惊叹："真是江天一览啊！"

"江天一览"的墨宝便永久留下了。

运河先人把生产生活、喜怒哀乐刻在石碑上。碑刻、楹联、匾额、崖刻、墓志，众多书法遗迹宛若夜空上的星星，散落在运河两岸。几十年，几百年甚至几千年过去了，依旧"坚如磐石"，鲜活可见。"海枯"才会"石烂"，书法遗迹成为运河记忆的一部分。

从寺门到寺顶，如同进入书法展览馆：天地同庚、千古雄观、宝带名蓝、雄镇江流、龙虎鸾凤……

赞美金山寺的词句如滔滔长江水，气势盛大。镌刻在石头上的书法作品或苍劲，或古朴，或秀逸。不得不让人好奇，谁是书写者？

原来，金山寺书法作品大都出自清代名人之手。寺门外的泉眼边，刻着"天下第一泉"，这几个字是清朝镇江知府所题。

运河沿线的名宅、官署、园林、街区、码头、驿站等地都留有大批书法作品。从隋唐开始起步，宋元继续发展，到明清时期，运河书法迎来辉煌时刻。

各段运河情况类似，北京段运河也是明清书法作品居多。通州、朝阳、东城、西城、海淀、昌平是北京大运河文化带书法遗迹地域，张家湾古城、通运桥、永通桥、什刹海、积水潭、白浮泉遗址、瓮山泊、汇通祠等运河遗产点都有古人大量书法作品，书写运河两岸的政治、经济、自然、人文、社会、宗教和民族。

1292年，郭守敬主持开凿通惠河，为放置漕粮，建有一批粮仓。新中国成立后，考古发现元代石碑，记载了现在的朝阳门、东直门粮仓54座，衙役165人，出粮数百万计。碑刻上人与事的记录，为后人研究北京城储粮盛况，提供了鲜活的物证。

楷书、行书、草书、隶书、篆书全覆盖，楷书占比80%；魏碑、唐楷、欧体、柳体，风格多样，还留下《雍正诰命碑》等碑刻。

名家名苑留下书法遗迹不意外，民居民宅也有书法作品。北京的书法遗迹书写人群众多，帝王贵族、文人雅士、普通民众都有。

名人书写，作品的身价倍增。在追求名人效应上，古人与今人很相似。古时，最大的名人当属皇帝，运河沿线的书法遗迹数帝王最多，乾隆皇帝独占鳌头。

在玉泉山，乾隆御书"天下第一泉"；在昆明湖，乾隆御题"万寿山昆明湖"。北京的匾额、楹联、碑记，皆有乾隆御笔。

乾隆南巡也不忘题词，留下书法作品。

1985年，杭州市塘栖古镇开展文物普查。工作人员发现一块石碑上刻着"钦此"一词，仔细辨认，发现是乾隆御碑。此前，当地人一直将石碑当作两县的分界碑。

御碑立于1751年，碑文429字。全文颇具喜感，大致写了这些内容：乾隆南巡，考查江苏、浙江、安徽三地交纳皇粮情况。乾隆一查，很恼火，江苏、安徽欠粮数量巨大，喜的是浙江从来不欠。好，浙江好榜样啊！龙心大悦，乾隆寻思着怎么表彰浙江，那就免去浙江钱粮30万两吧。嘉奖浙江不能偷偷摸摸，表扬的另一个作用是鞭挞后进。那就刻碑吧，晓谕天下。

这招挺绝。做得好原来可以免交皇粮。

想必消息传到江苏、安徽，当地官员会惊讶，交粮可免交粮？悔当初交粮时没有狠下决心，砸锅卖铁也要如数奉粮啊。如今交不齐皇粮被刻在石碑上，成为反面教材。

历经岁月摧残，运河遗产点会坍塌、损毁，需要修补、建设，照例会在原处题词，一般都会请书法大家来书写。

金山寺大殿修整一新，大雄宝殿的金字匾牌是著名书法家赵朴初题写的。高高的宝殿背后写着"度一切苦厄"，五个大字秀丽且浑厚，给人力量，似一切苦厄皆可过去。题词者：孙江天。

至寺顶，又见书法遗迹。

走遍金山寺，我还是不解"水漫金山寺"的场景如何拍摄，却意外地享受了一场书法艺术盛宴。

世事沧桑，或许碑刻已经布满锈迹，匾额、楹联残破严重，但刻在石头、木材、铜器上的文字，如实地记录了运河历史。

在运河畔，这座流动的书法博物馆中，世人品赏古人的书法遗迹，感受书法与文学、雕刻、建筑交融的魅力。

第二节
多幅《清明上河图》画卷

在中国美术史上，运河主题的绘画佳作不断，运河沿岸老百姓的生活风俗被真实、鲜活地记录下来。

谈到运河画卷，世人立刻会想到《清明上河图》。图中汴河上商船云集，北宋都城东京（今开封）街道两旁房屋栉比，人烟稠密，一片繁华。

北宋徽宗年间，一位翰林图画院画师每天行走在东京城。东京城繁华富丽人人赞，但他居然找不到东京城的绘画作品，这是艺术界的遗憾，也是东京城的遗憾。于是，他以汴河为背景，绘就《清明上河图》。

此人便是画家张择端。

《清明上河图》绢本设色。在近25厘米宽、约529厘米长的画面上，绘有各色人物800多个、车轿20多辆、大小船只20多艘、房屋楼阁30多栋。

汴河是通济渠段的运河，北宋重要的漕运交通枢纽。一座高大、宽阔、奇特的虹桥飞架汴河，气势非凡。《东京梦华录》记载："其桥无柱，皆以巨木虚架，饰以丹，宛如飞虹。"虹桥是东京城的标志性建筑，是《清明上河图》的"眼睛"和"灵魂"。观看此画，目光便无法从虹桥上移开。

城市地标从来不寂寞，虹桥更是喧阗异常。

摊贩把摊位摆在虹桥上，食品、五金、玩具等各种商品都有，摊贩忙着招揽顾客，行人车马穿梭其间，宽阔的桥面不留缝隙，虹桥自然形成独特的桥市。

东京是首都，人口多，漕粮需求旺，汴河上船只遍布，漕运日夜不休。桥下，一艘大船正在经过。江淮来的漕船体量大，过桥并不容易。撑起竹篙，钩住虹桥，把绳子拴在岸边，麻利地放下桅杆，船工们操纵船只自如。

桥头大街两旁的茶馆、酒肆、客栈、码头集散地、水陆汇合点处处是人，从服饰上辨别，士农工商、三教九流均有，男女老幼云集。

东京城的人间烟火、市井繁华浓缩在虹桥上。

《清明上河图》是北宋都市经济繁荣的缩影，是中国十大传世名画之一。如赞美大场景画作，世人常会说，像《清明上河图》一样。

《清明上河图》成为名画的代名词。

运河主题画作中，还有多幅与《清明上河图》媲美的画卷，比如《姑苏繁华图》。

《姑苏繁华图》是国家一级文物，宽近36厘米、长1225厘米，长度是《清明上河图》的两倍多。

画卷是一幅苏州市井风情图。江南风光、田园村庄、民俗风情、官衙商店、渡口行船一一呈现，12000多个人物、2140多栋房屋、50多座桥梁、400多艘客船和货船、200多块商号招牌，画作构图独特，大气，又细腻精致。

苏州人徐扬曾参与《苏州府城图》《姑苏城图》等地图的编绘。徐扬对家乡的草木饱含深情，他一直想描绘苏州的秀丽风景和厚重的人文底蕴。作为宫廷画师，徐扬深知乾隆迷恋江南。

徐扬随乾隆南巡后，接到乾隆的特命，绘画江南。

于是，徐扬向乾隆进献《姑苏繁华图》，以此画赞美乾隆盛世。每当思念江南时，乾隆便拿出《姑苏繁华图》，随时在画中畅游江南。

在扬州中国大运河博物馆，世人站在《姑苏繁华图》的复制品前，仿佛能听到婚娶人家的欢笑声、宴会上的猜拳声、官员出巡的马蹄声、街头商贩的吆喝声、测字算命先生的低声细语、运河上的摇橹声。恍惚间，自己似乎变成画卷中的角色，走进250年前的姑苏。

在书中，我多次偶遇《潞河督运图》，多次阅读到建筑学家朱启钤的观点："《潞河督运图》，意味尤近乎张择端《清明上河图》之作，允为国家重宝。"

又是拿《清明上河图》类比的画卷。

《潞河督运图》的诞生有些偶然。乾隆年间，画家江萱应朋友之约视察漕运。在潞河边，他看见漕运格外繁忙，心有感触，遂画出《潞河督运图》。

潞河也称北运河，连接北京和天津，跟南运河在三岔河口交汇，督运指官员在河道中督察漕运秩序。

《潞河督运图》是一幅长约7米的工笔画卷。狭长的漕运河道徐徐铺开，商贾、官吏、船工等820人从画中走出；船舶64艘，官船、商船、货船、渔船等各种船只林立；码头、衙署、店铺、银号、戏台、酒肆、民宅、粮仓参差交错，富有情趣。

潞河的漕运经济、漕粮运输、商贸交易、生活百态、风土人情、民俗盛况，都在《潞河督运图》中呈现。

在邵伯冷清的码头，我想起王素的《运河揽胜图》。

王素何许人也？扬州人，清代画家，传世作品很多。当时，拥有一张王素的画作，扬州的达官贵人便可向人夸耀，这是有身份的象征。

王素在邵伯码头看到忙碌的漕船，码头上漕工不停地卸货，街面商铺林立，邵伯运河的商埠和市井风情是那么亲切和温暖。王素日夜琢磨，绘下邵伯的《清明上河图》——《运河揽胜图》。

此画卷曾流落海外，几经波折，经扬州博物馆赎回，最终回到家乡。

中国画家崇尚自然山水，运河以其独有的文化形象频频进入绘画主题，成为中国古代美术作品的摇篮。

众多运河主题名画需一品再品。

运河是一条长长的画廊。

第三节
一条文学之河

　　"东南形胜，三吴都会，钱塘自古繁华。"说到宋代杭州，人们自然地念出柳永《望海潮》的词句。

　　被运河日夜滋养的钱塘（今杭州）城市繁华、富庶，在柳永笔下可观、可感、可触摸。据说，《望海潮》传到金国，金国皇帝完颜亮很羡慕钱塘有三秋桂子、十里荷花。于是，他决意攻打临安城（今杭州）。事实是否如此，已不可知。侵略别国，挥师南下，想找个理由，总是很方便的。一首词成为发动战争的动机，这让《望海潮》声名远扬。

　　一首词，一座城，一条河。1000年过去了，这首词在传唱；再过1000年，还会继续传唱。

　　经过镇江市，世人或许会想起王安石《泊船瓜洲》中著名的渡口——瓜洲渡。运河边的渡口码头成了诗词中别离的意象。

　　另一首描写瓜洲一带最为有名的诗作，是唐代张若虚的《春江花月夜》。这首诗被闻一多誉为"诗中的诗，顶峰上的顶峰"。"春江潮水连海平，海上明月共潮生。"春、江、花、月、夜，自然之景、诗人之思、人间之念融为一体，诗、画、哲理合一，带读者进入深沉、寥廓、宁静的意境。

"孤篇横绝。"以运河为主题的诗篇，凭此一首，张若虚名垂千古。

运河给诗人带来灵感，运河成为重点吟咏的对象。运河边的驿站、园林、桥梁、船只、名宅、街区、官署等在诗词中都做过主角，运河是文学创作的素材宝库。与运河关联的汴水、泗水、亭驿、桥梁、琼花、官柳等一再出现在诗词中，逐渐从文学意象被固定为文化意象。

柳永、苏轼、欧阳修、秦观、姜夔、辛弃疾等宋代著名词人留下的运河名作，让后人看到杭州、苏州、扬州、开封等运河城市昔日的荣光和梦想。

南北航行，运河是必经之路，历朝历代的文人雅士把运河航线的繁忙、两岸城市的繁荣、自然风光的旖旎，还有自身仕途的沉沉浮浮、离别的凄凄惨惨，都一一落笔在作品中。

卢纶在《送魏广下第归扬州》中写："淮浪参差起，江帆次第来。"次第，一个挨一个。江河上的帆船一艘挨一艘，帆船一艘一艘驶来，画面生动丰富。他在《泊扬子江岸》则写："山映南徐暮，千帆入古津。"直接点明有千帆入古渡口。

在苏州姑苏的枫桥边，世人会想起张继的《枫桥夜泊》诗句，"月落乌啼霜满天，江枫渔火对愁眠"。夜宿江面上，身处乱世中，羁旅很愁苦，无法入眠啊。那一刻，枫桥畔，似乎出现了张继孤独的背影。

皮日休、白居易、元稹、杜牧、罗隐、孟郊、李商隐……无数著名的唐朝诗人留下大批运河诗篇，仅汴河（通济渠段运河），崔颢、岑参、刘禹锡、卢仝、韩愈、贾岛等诗人就有许多诗篇。这些诗审美和艺术俱佳，让运河之水闪闪发光。

宋元话本、元杂剧、明清通俗小说中有大量故事以运河城市为舞台，元朝关汉卿的杂剧《窦娥冤》发生地是楚州（今淮安市）。

《金瓶梅》的故事就与大运河相关。世人称此书是为大运河"写史立传"。故事发生地之一——临清，是漕运咽喉。河道淤塞、老百姓家的婚丧嫁娶、发达的商业都市、漕运腐败、官员贪污，书中都有详细描述。

中国人写运河，外国人也写运河。唐宋元明清时，周边国家经常派遣使臣到长安、汴京、大都、北京朝拜。使团沿运河西去或北上，随时记录沿途见闻，记下运河两岸的集镇商贸、独特的风俗习惯、名人名家、王公贵族的故事等。

明清时，朝鲜使团来中国，使者们记录燕京之行。回国后，使者们的作品被整理出来，汇编成了一本汉文版的《燕行录》。

只要有运河，运河边有人生活，运河主题的文学作品就如运河水长流。运河带着文学作品四处交流。

宋代东京城（今开封）有瓦舍勾栏50多座，汴河边日夜表演杂剧、讲史、傀儡戏、影戏等。《清明上河图》有一个说书的场景，一群人在说书棚里听说书。说书人往往在故事最精彩处停下，说："欲知后事如何，且听下回分解。"听众欲罢不能，听完一集再听一集，一集不落。如此这般，说书人便把文学作品传播出去了。

运河与四大名著有密切关系，运河孕育了杰出的文化符号。

《红楼梦》中有运河的人文、风俗、典故、美景。甄士隐、贾雨村、林如海是运河边人，林黛玉讲一口流利的扬州话，保持扬州的饮食习惯。曹雪芹在扬州生活过，康熙六次沿运河南巡到扬州，曹雪芹家接驾四次。

《西游记》的作者吴承恩的故居在运河之都——淮安，写《水浒传》的施耐庵的故居在淮安，著《三国演义》的罗贯中拜施耐庵为师，与施耐庵一起住在淮安。

运河是永不断流的历史记忆和精神宝库。运河文学作品数量巨大、内容广博、种类丰富，无法在一篇短文中逐一细品。运河有起点和终点，但运河的文学作品浩海无边，有此岸，却见不到彼岸。

运河，文学之河，万古流不绝。

第四节
治水名篇

没有水，便没有运河。

千百年来，先民们在劳作中掌握了水利工程的技术，诸多治水名篇记录了治水专家的智慧和实践。

如果给水利著作排顺序，第一名理所当然是《史记·河渠书》。此书是中国第一部水利通史，它开创了一个先例：正史中设专篇记水利。

在《史记·河渠书》中，司马迁写了运河，"通（鸿）沟江淮之间""于吴，则通三江、五湖"。司马迁第一次提出"水利"这个词语。司马迁清楚，做水利需要付出大量的人力、物力，但"水利"会给国家和人民带来好处，带来"利"。

从古到今，中国汉字在演变中，词意会发生变化，有些差异之大甚至让人无法理解，但司马迁首创的"水利"，其基本含义一直延续到现代，几乎没有改变。

要说与水利有关的最有价值的地理著作，当属《水经注》，它是中国第一部记述全国河道水系的专著。

《水经注》顾名思义是对《水经》的注解。北魏的郦道元看到《水经》内容简单，遂写《水经注》。说是"注"，实则是以《水经》为蓝本进行再创作。全书40卷，由《水经》的137条河流增加至1252条（包括大大小小的运河），字数增加20多倍，全书30余万字。

当年没有印刷术，撰写这本书要费的墨水不好估算，工作量巨大。

河流的源头何在？支流延伸到何处？流向何方？经过何地？发生何等故事？山川城邑、碑刻遗迹、人文历史、神话传说、风土人情，郦道元参阅437种书籍后，向世人逐一道来。

听到科技名著，人们便会跟严谨的论文联系在一起，其实《水经注》是一部散文著作，文笔挺优美，语言够清丽，文学与史学、地理学的价值相当高。

在运河史上，水利著作《漕河图志》可与《水经注》媲美。《漕河图志》是现存最早的一部京杭大运河的专志，学术价值极高，地位显赫。

《漕河图志》的面世，跟《漕河通志》有关。明朝任管理河道的工部郎中王琼欣赏总理河道侍郎王恕写的《漕河通志》，便在《漕河通志》的基础上撰写了《漕河图志》。

前人王恕一定想不到自己的著作会启发后辈写出水利专著，并流传后世。

《漕河图志》8卷，约16万字，内容丰富，记载了漕河建置、整治，漕粮仓廒、粮数、船只数、耗米数，漕运官军及运粮官军赏赐等，另外有10篇奏章、54篇碑文、45篇运河诗赋。

"闸夫、溜夫、坝夫、浅夫、泉夫、湖夫、塘夫、捞浅夫、挑港夫"，我依次念出书中夫役的名称，好奇浅夫、捞浅夫做什么工作，费劲揣测，还是不能确定是否猜准。找了考证资料，才知浅夫指疏浚沟渠、打捞沉船的夫役。这与捞浅夫的工作似乎重合了，不知两者区别在何处，运河夫役的工种居然分得如此之细。

《治水筌蹄》《河防一览》《治河方略》是三大治河名著。

明代万恭在任总理河道一职时，总结治河智慧，写了《治水筌蹄》。初见书名，想必大家会好奇，"筌蹄"是啥东西。筌蹄出自《庄子·外物》，筌、蹄分别指捕鱼、捕兔的工具，通指渔猎工具。筌蹄词意延伸为手段，《治水筌蹄》就是治水工具书的意思。

此书名足够吸引人，如果读者不知"筌蹄"之意，阅读兴趣更会被激发。

《治水筌蹄》有148篇短文，是后人研究明代河工技术和治河思想的重要文献。针对山东境内运河，万恭有一套航运管理与水量调节的操作方法，他是"束水攻沙"理论第一人。

黄河治理，黄河泥沙是核心内容。《治水筌蹄》对泥沙有独特的看法和处理办法。万恭认为河水浊，泥沙就多，水流急，泥沙就会滚走，便日夜不停地流入大海。

万恭治河的观点和方法成为同时代潘季驯"束水攻沙"的基础。

汛期来临，快速传递情报关乎下游老百姓的生命安全。《治水筌蹄》记录了飞马报汛制度。一旦发现黄河水位上涨，立即飞马报汛。每隔30里就有一个驿站，人员、马匹得到迅速转换，一天一夜可把信息传到500里外。信息跑在洪水前面，为下游老百姓赢得宝贵的转移时间。

在枯水期，运河水源不足，漕船运行困难。《治水筌蹄》记载，利用单式船闸抬高水位，漕船便可顺利通行。此做法一直被后人沿用300多年。

在《治水筌蹄》的基础上，潘季驯的《河防一览》推进了一步。"河防在堤，而守堤在人，有堤不守，守堤无人，与无堤同矣。"这些观点至今依旧鲜活。潘季驯"以河治河、以水攻沙"的智慧超乎寻常，让人大开眼界。

《河防一览》成为"束水攻沙"论的主要代表著作，是16世纪中国河工和水利等科技水平发展成熟的重要标志。

清代黄河夺淮，漕运受阻。

河道总督靳辅疏浚淤泥、开河、分洪、堵口、筑堤、疏通海口。治河10余年，让黄河回到原先的航道，运河再次通畅。这是260多年间清朝治河的最大成就，靳辅在《治河方略》书中详细地记载了治河方略和实践。

此三部治河著作对后代治河思想与实践影响极大，被后世治河者奉为金科玉律。

第五节
水路即戏路

"看我非我我看我我也非我，装谁像谁谁装谁谁就像谁。"

一直惦记这副戏台对联，第二次来到苏州的平江路，我直奔全晋会馆（即中国昆曲博物馆）。不巧，刚过闭馆时间，只能站在门口兴叹，或许中午的戏台上，《牡丹亭》的角儿柔情万种地唱过："原来姹紫嫣红开遍，似这般都付与断井颓垣。良辰美景奈何天……"只可惜没在现场欣赏"昆曲中的昆曲，戏剧中的戏剧"。

2001年，昆曲被联合国教科文组织列入人类非物质文化遗产代表作名录。

昆曲起初只是民间的清曲小唱，后经过乐圣魏良辅改进，昆曲变得优美、缠绵、悠远，并拥有一个很搭配的调名——水磨调，就像苏州巧匠研磨红木家具一般。

全晋会馆门前的平江水缓缓流过。600年前，发源于苏州昆山的昆曲沿着运河，流进苏州市区，流入平江。

昆曲选择苏州自有道理。苏州素有人间天堂美誉，城内水网密集，京杭大运河穿城而过，北达北京，南抵杭州，交通便利，经济发达，文化繁荣。最关键的是苏州人有钱，又有闲暇时间。

昆曲艺人和学艺者云集苏州，苏州变成昆曲中心。苏州上层社会和文人墨客把听曲、唱曲当作一种时尚的生活方式，昆曲从苏州的这个园林传到那个园林，从这座城市传到那座城市。

从苏州出发，昆曲向江苏、浙江的运河沿岸城市传播。胡忌、刘致中的《昆剧发展史》一书中列出明末清初昆曲传播路线："以大运河沿岸江南城市为中心，沿河次第向北向南向西拓展，其后传播范围慢慢扩展至全国。"松江、常州、镇江、南京、扬州、杭州、嘉兴等地都成为昆曲的阵地，运河周边城市南京和运河城市扬州成为主要基地。

昆曲人才辈出。

《扬州画舫录》记载，昆曲名角仅扬州有"家门"的副末5人、老生10人、正生2人、小生6人、老外7人、正旦6人、小旦17人、老旦6人、大面14人、二面9人、三面10人。

万历年间，昆曲传到北京。

2010年，国粹京剧入选世界人类非物质文化遗产代表作名录，传播路线与昆曲类似。

1780年正月，乾隆第五次南巡到扬州。地方官员知道皇帝喜欢看戏，就从各地召集有特色的戏班，在扬州举行规模盛大的戏曲会演，演出持续十多天。

这个场景想象空间太大，以至于每次走在扬州街头，看到戏剧演出的讯息，我便会遐想240年前，扬州城里各方戏班是如何"你方唱罢我登台"的。

演出结束，戏班并未直接散去，表演艺术家们想把戏剧事业做大，于是结伴进京。顺着运河，向北京出发。路过运河沿线的城市、小镇，他们就上岸演出，解决生计问题。一年中，这些戏班边走边演，边与同行切磋技艺。到京城后，戏班在紫禁城周边的戏楼继续演出。

各家戏班同台献技后，出现一个奇怪的现象：雅戏、花戏杂糅，皮黄、昆腔、吹腔、拨子、罗罗腔等各种声腔都有。其中，进京的徽班吸收了其他声腔的精华，一家独大。

京剧就此诞生。

作为政治中心，全国各地成熟的戏曲都会向北京靠拢，再从北京向全国各地输送。

随着运河，京剧向天津和河北等地传播。在清嘉庆、道光年间，京剧传入运河之都淮安。

明清两代在淮安建有总督漕运部院，淮安城里有河道总督、漕运总督、淮安知府，当地人戏称淮安是"官比士民多"。这些官员大多是京城派来的，人离开皇城了，但生活方式没改变。看戏是当时皇宫的时尚做法，漕运官员们就互相请看戏。淮安盐商家也多有戏班，遇到重要活动，必然有京剧演出。

扬州是淮左名都，盐商甚多，盐商们请人看戏的风气更盛。乾隆南巡前三年，朝廷在扬州设局，有43人参与修改1100多种曲目，扬州是全国戏曲中心之一。

评剧、梆子、越剧都流行于运河沿线，也有相仿于昆曲和京剧的传播经历。

运河孕育沿线城市繁华和兴盛，戏剧随运河流动而繁荣发展，戏剧交流在宋朝时便很频繁。

605年，隋炀帝下令开凿运河和建造东都洛阳。洛阳是隋炀帝最中意的首都。唐朝，西京长安（今西安）和东都洛阳并列为首都，两京并重，武则天以洛阳为主，长安则变成了陪都。北宋时，东京（今开封）是首都，洛阳为陪都。

洛阳在隋、唐、宋三朝都是繁盛无比的都城。

汴京（北宋都城）是中华戏剧之都。传统文学样式汴京杂剧就是在汴京的土壤上生长出来的，"杂剧"一词首次出现。汴京杂剧要传播，洛阳是首选地。汴京与洛阳之间水路交通便利，杂剧艺人坐着各种船只，穿梭在运河上，在洛阳的勾栏瓦舍表演汴京杂剧。

元世祖忽必烈拉直运河，北方流行的元杂剧向南方进军，杂剧艺人们沿着运河，到达扬州、苏州、松江、杭州等江南城市。

王国维对元朝中叶后的杂剧家进行统计，发现除杭州人外，其余的都是从北方来浙江的，他得出"盖杂剧之根本地，已移至南方"的结论。

其中便有元杂剧代表人物关汉卿。南宋灭亡后，关汉卿从大都（今北京）到杭州、扬州等江南地区，继续创作、演出。之后，北方杂剧家马致远、尚忠贤、戴善夫等人纷纷来到江南，他们在江南创作出大量作品。

一条运河，让南戏和北戏交融、发展、升华。运河边的戏曲百花争艳，芬芳异常。

水路即戏路。

运河不愧是一条中国艺术发展的重要文化血脉。

第七章

托住运河的银水滴

传统技艺、民间文学、民间曲艺、工艺美术、
传统音乐，运河的非物质文化遗产多彩多姿。

第一节

学不完的传统技艺

隋、唐、五代、宋、辽、金、西夏、元。

河南、河北、湖南、山东、安徽、陕西、江西、浙江、福建。

汝窑、定窑、钧窑、越窑、邢窑、寿州窑、长沙窑、巩县窑。

青瓷、白瓷、青白瓷、彩瓷、黑瓷。

十万片瓷片。

在电脑上打出这五行字后，我再一次震惊。20年前，安徽省淮北市柳孜运河遗址发掘，出土的瓷器涉及朝代多、地域广、窑口众、品种丰、数量巨，世人震撼，其精美程度更是令瓷器大家们惊讶。

中国是瓷器之国。

瓷器易碎，搬运不便，对道路运输要求高。水运是古代最合适的运瓷方式，通达四方的运河把精美的瓷器送往全国各地，甚至出海运到世界各地去。

运河上，龙泉青瓷是"贵客"。

2009年，龙泉青瓷作为唯一陶瓷类项目被列入世界人类非物质文化遗产代表作名录，被誉为人工制造的美玉。制作青瓷需要高超的技艺，原料选择、釉料配置、造型制作、窑温控制都很独特。

原料紫金土取多少，瓷土、石英拿多少，植物灰用多少，如何调出最地道的釉浆，实验几次、几十次、数百次都有可能。

釉料配方很讲究。制釉是独门武器，制釉师轻易不传外人。这花怎么装饰到瓷器上，印花、贴花、剔花、刻花、画花等技法，瓷器上全有。当然，它还有世人所未知的装饰技法。

北宋时期，龙泉窑的青瓷极品——秘色瓷是贡品。秘色瓷数量极少，皇家垄断了配方、施釉、烧制的技术，一直流传着瓷比金还贵的说法。

这些娇贵的瓷器从龙泉的水边乘船出发，一路奔波，被运到运河边，然后继续坐船航行，被送到北宋的都城东京，闪亮地出现在皇家居室里。

在苏州，处处可见宋锦的踪迹，屏风、家纺、字画装裱、礼服装饰、仿古艺术品点缀等都有。

为什么称宋锦？苏州为什么与宋锦联袂？

宋锦被誉为中国锦绣之冠，历史悠久，春秋时期即有文字记载。至宋朝，苏州的织锦进入全盛时期。宋锦工艺复杂，工序有

20道之多。染色便有很多门道，染料必须是纯天然的，必须手工染色。

宋锦厉害到什么程度？现在的手工还是难以模仿当年的图案和样式。

北宋规定不同职位的官员穿不同花纹的宋锦，翠毛、宜男、云雁、瑞草、狮子、练鹊、宝照，穿在了不同级别的官员身上。南宋时，为方便宫廷服饰制作和书画装裱，宋高宗在苏州专门成立了宋锦作院。

上至皇室贵族，下至平民百姓，皆喜欢"艳不俗，浓不重，繁不乱，淡相宜"的织锦。

运河水把宋锦载向全国各地。世人见过名贵的字画和华美的服饰就无法忘记。后人一说起锦，定说宋锦，谈论苏州宋锦。宋锦之名就此传开。

2009年，宋锦被列入联合国教科文组织人类非物质文化遗产代表作名录，归为中国传统桑蚕丝织技艺。

跟苏州宋锦比，苏州金砖同样神奇。金砖既不是金色的，也不是金子做的砖头，却堪比"金子"砖头。明朝时，购买一块金砖需要一两黄金。

作为皇家贡品，金砖供皇室独享，北京故宫太和殿、中和殿、保和殿地面就铺设了金砖。走过300多年岁月，但金砖依旧光润如墨玉。

金砖是世间金贵之物，它有特殊的功效，室内湿度大可吸水，室内干燥会放水，类似现代干湿两用空调的效果。其制作难度和工艺配方极其复杂，大工序有选土、制坯、烧制、出窑、打磨、浸泡，每一个大工序里还有多个小工序，大小工序共20道之多。

随便抽几道工序瞧一瞧，请务必耐心观摩：

好似做菜，食材很关键。做金砖的泥土大有考究，要有黏度，能磨成粉末，含有铝的成分。选泥土，工匠们像在做化学实验。选出来的泥土露天摆放，时间为一年。厨师烧河鱼，用葱、姜、蒜去鱼的土气。泥土整年放置，风吹日晒雨淋，去其"土"性，想必泥土也会吸附更多天地之灵气吧。

烧窑这一道工序最关键，一个小疏忽便会毁掉前期的所有付出。烧火耗时130天：糠草熏30天，片柴烧30天，棵柴烧30天，松枝柴烧40天。四种草柴熏烧顺利合理：糠草熏，除去泥土的湿气；烧片柴，火较小，如果一开始烧旺火，金砖会生出裂纹，要报废；棵柴的火猛，温度升至350℃—850℃之间；松枝柴烧火能产生高温，温度达到900℃以上。四种烧法像《红楼梦》中茄子鸡的做法一般复杂，拿笔记都记不全。

每一种烧法产生不同的化学反应，火候的把握全凭窑工的经验和水平。不知当年窑工们怎么摸索出如此繁杂的烧制办法。

从泥土变成金砖，至少要两年时间，每座窑生产金砖不超过7000块，还得剔除掉次品和废品。

金砖上刻有工匠、烧制人、监督官员的姓名，哪块金砖出问题，金砖上有名字的责任人一起被惩罚。话说赏罚要分明，罚得这般赤裸裸，不知工匠做出好砖是否有赏赐？

运河重镇临清也有贡砖，制造技艺独具特色。

除瓷器、织造、制砖技艺外，运河畔传统技艺无数：张小泉剪刀、王麻子剪刀的锻造技艺；扬州漆器；雕版印刷；湖笔制作；西湖龙井茶、北京烤鸭、天津狗不理包子等食品制作……

这些传统技艺，学也学不完。

第二节
讲不完的民间文学

民间文学是中华民族宝贵的精神文化遗产。

在运河两岸，先民们口头或集体创作的民间文学无数。开凿运河之苦、运河生活、风土人情等主题内容口口相传，传说、故事、歌谣、说唱、谚语等民间文学作品广泛流传于运河地区，进而流传至全国各地、世界各国。

在民间故事中，与帝王扯上关系的花并不多，除牡丹外，琼花算是一朵。琼花和隋炀帝的故事版本有很多个，每一个故事皆无比哀婉，使人落泪。但不管故事情节怎么安排，其中内核相似：隋炀帝开凿运河是为了去扬州看琼花。

无论从长安还是从洛阳，到扬州路途都异常遥远。为控制全国，使江南的物资不断地运往京都，隋炀帝开凿了运河。开凿运河的工程浩大，几百万名民工参与，劳动力成本巨大。修通运河，百姓负担沉重，民工伤亡严重。

隋炀帝在位14年，11次外出巡游，3次到扬州，宏大的场面让康熙、乾隆爷孙俩难以望其项背。巡幸费用取之于民，却供君主一人享用。

　　老百姓借隋炀帝看琼花，控诉帝王的残暴和昏庸。这个民间故事比正史影响力强，流传了上千年。

　　其实，宋代才出现琼花，隋炀帝下扬州还看不了琼花。美丽的琼花可惜了，它永远摆脱不了隋炀帝的名字，"匹夫无罪，怀璧其罪"啊！

　　开通运河，得修筑桥、闸、坝、纤道、码头、驿站、仓库等，这些运河硬件设施常常出现在民间文学中，桥为主角的特别多。

　　宝带，挺美的名字。宝带桥，桥如带子，还是宝石、宝玉做的带子。这名字无端地让人浮想联翩，不出意外，苏州的宝带桥也有一个美丽的故事。

　　传说天庭里有一位仙女，看苏州的澹台湖风急浪大，河上行驶的小舟急剧摇晃，尤为凶险。仙女解下腰间的玉带，轻轻地抛向湖面。瞬间，腰带变成一座53孔石桥，护佑船只安然驶过。

　　每遇皓月当空，宝带桥的每一个桥孔都会映出一轮圆月。一串月亮，唯美又奇妙。

　　北京的高梁桥，徐州的荆山桥，聊城的白玉桥、六知桥、惊龙桥、闸口桥、廊桥，都有文字记载的传说和故事，这给运河古桥增添了无穷的魅力和文化内涵。

运河上桥梁多，桥梁的故事多，故事里寄托运河两岸百姓的希望也多。

阅读运河书籍，常会遇见白英老人。起初，我以为"老人"是上了年纪的人。后来，才知"老人"是职务称呼。明代在运河通行不畅的河道处，轮流派驻民夫看护，导引船只。十名民夫安排一人负责，负责人被称为"老人"，类似于部队中班长一类的角色。

工部尚书宋礼治理会通河，采用白英老人的建议，引水至60米高的水脊，创造了"七分朝天子，三分下江南"的运河流向，保证了明清500余年南北航行的通畅。

白英老人的事迹万世景仰，历代帝王对白英老人的褒奖和封号不断，他成为黄河之神，得到公祭。

500余年足够长久。

一位凡人变成黄河之神，还对这位凡人进行公祭，这位凡人身上一定会发生神奇的故事。于是乎，白英老人的传说不断出现。白英老人还是小白英时，故事就很多，更不用说后来的助人得报、白英点泉、加官封神等。

运河水见证老百姓的喜怒哀乐，运河水上演老百姓的悲欢离合。

在中国民间四大爱情传说中，《白蛇传》与《梁山伯与祝英台》的发生地都在运河边。

《白蛇传》的故事在杭州和镇江展开，杭州的断桥和雷峰塔、镇江的金山寺是重要地点。场景设定在运河上，法海把许仙从杭州西湖带到500多里之外的镇江金山寺，后面便发生了白娘子寻夫、水漫金山寺的桥段。

断桥、雷峰塔、金山寺等文化地标，成为各地游客寻找《白蛇传》故事必去的地方。

《白蛇传》被改编成特别多的文艺作品，有小说、话本、戏曲、弹词、电影、电视、动画、连环画，其中电影、电视剧就有25部。剧名很相似，直接取《白蛇传》，或略微增减一两个字。这些作品远播日本、朝鲜、越南、印度等国家，也有日本等国家制作《白蛇传》电影等作品。民间故事的影响力非凡。

《梁山伯与祝英台》同样在世界上产生了广泛影响。这个凄美的爱情故事版本很多，京杭大运河最南端城市杭州和浙东运河城市绍兴、宁波都是发生地。

东晋时期，会稽郡上虞县（今绍兴市上虞区）的祝英台女扮男装，与会稽郡鄮县（今宁波市海曙区）的梁山伯同在钱塘（今杭州）学习。三年间，梁山伯竟不知英台同学是女子……故事很曲折，命运很弄人，最后梁山伯和祝英台化成蝴蝶。双蝶翩翩，飞向自由。

后世以"梁山伯与祝英台"为原型改编的文艺作品类型众多，有小提琴协奏曲、越剧、电影、昆曲、音乐剧等。草桥结拜、十八相送、长亭惜别、英台抗婚、坟前化蝶等经典桥段，一演再演。

中国音乐代表作《梁祝》入选"嫦娥一号"太空播放曲目。从此，地球上就能收听到遥远的太空传来的《梁祝》乐曲。

民间文学为运河城市厚重的文化添加了精彩故事。

故事真好听！

第三节
听不完的民间曲艺

在江南运河段形成并流行的民间曲艺挺多。

苏州平江路的评弹社里，台上女子开始说唱，吴侬软语讲爱情故事，自有一番格调，千回百转间似寒山寺传来悠远的钟声。

另一家评弹社里，台上一名年轻女子和一名年长男子合说历史武侠故事，女子唱腔清丽，柔情满怀，男子声音嘶哑，表现金戈铁马的场景非常逼真，加上弦琶琮铮，台下众听书者皆醉。

世人便迷上了用苏州方言表演的说唱曲艺。

明清时期，苏州戏曲、小说发展迅猛，直接推动了说唱艺术的发展。苏州出现大批戏曲家，苏州人冯梦龙是代表人物。后人熟悉的"三言两拍"中的故事成为戏曲蓝本，冯梦龙编著的《白蛇传》等文学作品被改编，《新编东调白蛇传》《雷峰古本新编白蛇传》被评弹艺人广为传唱。

苏州评弹就是说书，成形于明末清初，是苏州评话和苏州弹词的合称。

在运河开通后，苏州经济逐渐发达，文化随之兴盛，城市人口急剧增加，听戏、看小说已不能满足老百姓多元的文化需求。鲜活、接地气的民间艺术开始蓬勃发展，通俗文化走向繁荣。在清代，苏州评弹达到鼎盛时期，顺着运河，流行于苏州、浙江、上海一带。

苏州评弹独特的叙事吸引了大批听众。"许仙又不晓得这一场大水，是他娘子借来的，只觉得来得蹊跷，去得稀奇。他想山门已开，水已退了，何不乘此机会，逃下山去，回到镇江，还好和娘子团聚……"台上，评弹者停顿转折皆有度，台下听众沉浸其中，似乎走进了《白蛇传·断桥》，成为剧中人物。

看过电视剧《都挺好》的观众定会对剧中苏州评弹配乐印象深刻。《白蛇传·赏中秋》表达了许仙和白娘子的美好感情，犹如小桥流水般缠绵，温馨的场景就播放《赏中秋》乐曲。《长生殿·宫怨》《三国演义·单刀赴会》《三国演义·战长沙》《庵堂认母》等苏州评弹恰当地表达了故事内容，推动剧情发展。

编剧的想法有创意，取得的效果让人意外。电视剧播出后，观众再去苏州游玩，行程上会安排听苏州评弹。在各家评弹社现场，当地人常会遇上专门赶到苏州听评弹的外地人。

京杭大运河最南端城市杭州有杭州评话。杭州评话是用杭州方言说书，与杭剧、杭州滩簧、杭州评词合称为杭州四大曲种。

杭州是南宋都城，文化繁荣，杭州评话由此得到长足发展。

一人、一桌、一扇、一醒木，表演就开始了。口、眼、身、法、步、音容笑貌协调，抚尺一拍，扇子一挥，腿一架，千军万马奔涌而来，历史沧桑、风云变幻尽在眼底。杭州一些剧场常会表演杭州评话的固定节目《岳飞传》。

扬州作为运河的起点城市，自隋唐以来，城市昌盛，官员、盐商、文人、贩夫走卒，三教九流聚集，雅文化、俗文化都需要，通俗文化发展尤其迅猛。

用扬州方言表演的扬州评话和扬州弹词生根发芽，在运河周边城市流行，流传至南京、上海等地。在扬州的瘦西湖畔，我听过一位男子表演扬州评话，精彩程度让人诧异，原来张岱在《陶庵梦忆》中描绘柳敬亭说书情形并非虚言。

柳敬亭是扬州评话的开山鼻祖，人称明末清初说书人的奇迹。他发端于扬州，扬名于北京。他从扬州坐船沿着运河到北京，给皇家说书。扬州评书、扬州弹词随着柳敬亭从江南运河边启航，传播到北方。到北方，改成了北方口音。就此，北京评书诞生了。

老北京人对北京评书有多着迷？有人说如果一天不听北京评书，老北京人就会感觉生活中缺了东西。

在北方运河段，曲艺也有很多表现形式，有山东大鼓、京韵大鼓、天津时调、山东快书、相声。

大鼓是一种说书形式。山东大鼓最初的乐器很特别，竟然是犁和铧，因此也称犁铧大鼓。犁和铧都是农具，农人们劳作之余，用犁铧破损后的小片敲击，伴奏说书。高人在民间啊！

山东大鼓流行于山东、河南、河北、江苏，其中一支演变为木板大鼓，流行于河北，顺着运河进入北京、天津，最后演变为京韵大鼓。

山东大鼓还演化出天津时调。从明代起，天津就是繁华的水路码头，聚集了大批船夫、纤夫、车夫、脚夫，他们的运河生活需要表达、宣泄，运河劳作者集体创作了天津时调——正宗的"从运河上漂来的"说唱曲艺。

山东运河流域的济宁、临清一带诞生了山东快书。一位山东同事偶尔会来几句山东快书，逗大家乐。"铛了个铛，铛了个铛，闲言碎语不要讲，表一表山东好汉武二郎……"山东快书在运河边不断扩散，在长江流域也得到快速传播。

相声发源于华北地区，形成和发展都离不开运河。央视春晚每年都有相声节目，相声走向全球，世界上有华人聚集的地区就有中国相声。

运河两岸人民的娱乐生活丰富。一种方言就是一个地域特色，一种腔调传承一脉文化。

先民们创作民间传统表演艺术，由南来北往的运河水带向四海八荒，又演变出各种老百姓喜欢的文艺作品。

第四节
刻不完的传统工艺

南桃北柳

在天津杨柳青古镇，我们走进一座典型的四合院，来到一间老字号年画铺，这是政府资助的非遗传承场所。不巧，未见到非遗传承人玉成号老主人。屋内作品大多出自老主人之手，他的弟子向我们逐一介绍杨柳青木版年画作品的特色。

杨柳青木版年画的主题集中于祝福、吉祥等，寄托老百姓美好的愿望；题材广泛，有历史故事、世俗生活，有神仙、吉祥物、山水、花鸟、娃娃和美人等。

屋内最多的是经典年画《莲年有余》，此画堪称杨柳青年画的"形象代言画"，几百年来被反复描摹。

一个造型比例夸张的娃娃怀抱一条色彩艳丽的鲤鱼，身旁的莲花正在盛放。"莲年有余"寓意生活富裕，画面构图丰满，线条工整有序。仅看一眼，就让人觉得吉祥、圆满，心生欢喜。

非遗传承人的弟子现场示范年画工序。她拿出现存的雕刻板，操作半刻半画流程，印制半成品图画。

杨柳青的年画如此有名，这与雕刻的木材有关。

四合院几百米外便是运河。元朝时，京杭大运河从杨柳青小镇穿过，杨柳青成为重要的水运码头。一些民间艺人沿着运河来到杨柳青，他们用当地木质细腻又坚硬的梨树、枣树等木材印刷门神、财神，卖给当地人。当地人学会了印刷，就把年画卖给天津人、北京人。

运河上的船只源源不断地带来南方的颜料、纸张，杨柳青的年画越做越多，越做越有名。明朝时，贴杨柳青年画成为一种时尚，不管是寻常百姓，还是上流社会，家家户户贴杨柳青年画。

至清光绪年间，杨柳青年画达到顶峰，曾有诗云："家家会点染，户户善丹青。"

杨柳青年画被世人称为"北柳"，与之齐名的"南桃"的历史同样彪悍。

"南桃"指苏州的桃花坞木版年画，是南方年画中流传最广的版画。桃花坞木版年画起源于宋代的雕版印刷，清康熙至嘉庆年间达到顶峰，年画铺有200多家，年产量高达百万张。

乘坐运河船只，桃花坞木版年画走进江苏、浙江、山东等人家。

桃花坞木版年画还走出国门，开启文化出海旅行，深深地影响了日本的浮世绘创作、欧洲后印象派的技法和风格。

北玉和南玉

"南玉"特指扬州、苏州、杭州为代表的玉雕。"北玉"专指北京产的玉雕。

玉雕《大禹治水图》高224厘米、重5000千克，是世界上最大的玉雕作品，出自扬州、苏州工匠之手，被故宫博物院收藏。

扬州是运河的发祥地，隋朝大运河贯通之后，扬州变成南北交通咽喉要道，成为全国一线城市，商业、手工业十分发达，玉雕业发展迅猛。

至宋代，扬州玉雕造型变得精美，雕工格外精细。清乾隆年间，扬州成为全国玉材集散地和玉雕制作中心，尤其擅长雕琢大型玉器。朝廷在扬州还专门设立玉局，制作大量玉器进贡京城。

苏州经济实力雄厚、文化底蕴深厚，苏州玉雕的历史悠久。明代宋应星在《天工开物》中记载："良玉虽集京城，工巧则推苏郡。"在乾隆时期，苏州玉雕达到高峰，琢玉工坊800余家，苏州城里处处传来琢玉的"沙沙"声。

每年阴历九月十三至十六，琢玉行会举行，类似现代绍兴漓渚的中国兰花大会，花农把各自培育的兰花摆放出来，供人品赏，互相切磋琢磨，近千家琢玉工坊会摆出最满意的祭祀玉雕，争奇斗艳，比拼构思、造型、技艺。玉雕供应商、琢玉工、爱好者、看热闹的老百姓云集，人人都是玉雕"品赏师"。

"这个空灵。"

"那个更精巧。"

"你看，多飘逸，意境全出啊。"

"我从没见过刻得如此细腻的玉雕。"

"玉雕品赏会"举办了一年又一年。苏州玉雕成为玉雕行业的翘楚，玉雕随运河进贡到京城。

北京是元、明、清三朝京都，集聚全国最优秀的玉工、最精良的玉料，还有最精湛的玉雕技艺。宫廷打造各种玉器，也会指定苏州玉工或扬州玉工。

"北玉"和"南玉"各自大放异彩。

北塑、南塑，四大泥塑

在天津古文化街上的泥人张总店，泥人张的传承人正在介绍泥塑作品。对于泥塑，很多人的记忆来自天津籍作家冯骥才的作品《泥人张》。

吃饭的人伸脖一瞧，这泥人张真捏绝了！就赛把海张五的脑袋割下来放在桌上一般。瓢似的脑袋，小鼓眼，一脸狂气，比海张五还像海张五。只是只有核桃大小。

泥人张捏海张五的形象描写传神，民间艺人高超的技艺和过人的智慧令人叹服。俗世有奇人！

泥人张的传承人介绍他们家的历史，祖上张明山出生于道光年间。运河边的天津是重要的港口城市，商业发达。张明山爱看戏，喜欢观察戏台上的人物，塑造的泥人活灵活现，因而被人称为"泥人张"。历经四代流传，至今已有180年历史，中央电视台以及美国、荷兰、日本、韩国等电视台都对"泥人张"进行过专题报道。

同属中国四大泥塑之一的无锡惠山泥人和苏州泥塑也诞生在运河边，都是传统工艺美术中的精品。

无锡惠山泥人、苏州泥塑、扬州剪纸、苏绣、北京灯彩、邳州纸塑狮子头等，各自有精彩的故事。

第五节
唱不完的传统音乐

哎哩哎呀，哎呀哎哩！

淮阴到宝应呀，里程六十六啊，路经九道弯啊；

高邮到邵伯啊，露筋两头单，一头三十三。

姜堰到泰州，六十六里路，七十二道沟。

哎哩哎呀，弯弯拐拐，拐拐弯弯，

马上就要到江湾，哎哩哎呀！

《浙江省大运河世界文化遗产保护条例》立法调研组到江苏的邵伯大码头调研，一位陪同的专家讲解邵伯大码头和邵伯运河边的纤道。有纤道和纤夫，就有纤夫号子。当地老百姓详细地介绍了纤夫号子。

这首纤夫号子颇有民歌味道，流行于江苏段运河。高亢有力的号子一响，音乐节奏与劳动节奏一合，想必工作效率会提高，日复一日，年复一年，枯燥的劳作会稍微变得自在。

号子分船工号子和纤夫号子。南北不同运河段号子不同。遇到落差大、闸门多的地段，行船变得十分艰难，更需要号子统一步调，激发力量。

德州与临清之间的武城段运河号子特别丰富。打篷号、打锚号、拉冲号、拉纤号、撑篙号、掸篙号、摇橹号、绞关号、警戒号、联络号、出舱号等号子齐全。不同号子表示起程、行驶、停船，短的一两个音，长的像山歌一样有故事情节，也有长短句结合，甚至还有简单的多声部。

大型漕船上，船工、纤夫几百人，号子不能随便喊，杂乱的号子不起作用。喊号子有领号人，像音乐会的指挥一般。音调一致、节拍一致、强弱一致、情绪一致，都需要有人统一指挥。领号人就指挥号子的音调、节拍、强弱、情绪。

经验丰富的船工担任领号人。拉锚号第一声要用力，喊出号子后，动作得马上跟上，第二声号子比第一声轻，拉动几百斤铁锚后要歇歇。船到运河中央，遇上好天气，漕船能匀速前进，摇橹号就显得轻松欢快。漕船到岸，意味着运粮任务即将完成，出舱号则自由随意，领号人不再领号，不同工种的船工会喊不同的号子，或许就喊自己创作的号子。

音乐会上，指挥大多穿黑色服装，场面庄严，为的是让观众专注欣赏音乐。领号人有时为了娱乐纤夫和船工，会特意对自己的头饰和脸面、服饰做一番打扮，边喊号子，边走舞步，动作夸张、搞笑。

工作和娱乐两不误，运河上的号子给繁重的劳动增添了一些乐趣，给灰色的生活描绘了一点色彩。

船工和纤夫的号子有多壮观？

元、明、清时期，通州运河边的老百姓称号子为"十万八千嚎天鬼"。"嚎天鬼"名称很土，却形象。通州连接北京，是京杭大运河的终点。船工和纤夫的号子震天响，不只是"震坏"耳朵这么简单了。

北京人说，运河上漂来北京城。通州人则说，北京城是船工和纤夫"嚎来"的。

"有船就有号子。"随着纤夫职业的消失，运河上的号子不再响起。

不过，运河岸边的音乐声不断，影响力极强或地域特色明显的乐器被完整地保留了下来。

古琴，古老的琴，名字便雅致之极。

中国古琴是世界最古老的弹拨乐器之一，是西方人心目中的东方文化象征。运河贯通，隋唐时期的古琴传到东亚，唐代诗人常携古琴出游运河，诗词中古琴形象不辍。近代，全世界都有中国古琴的影子。

运河沿线涌现出许多古琴流派，最为著名的有三个。

浙江琴派出现在南宋都城临安（今杭州），有琴谱、琴曲和琴学著作。

虞山琴派发祥地在运河北侧的常熟虞山，创始人严澂主编的琴谱作为明代唯一的琴谱，被《四库全书》收录。虞山琴派是中国第一个有代表人物、代表琴谱、理论纲领和地域特色的琴派。

广陵琴派的发源地在广陵（今扬州）。是不是很熟悉？对！《广陵散》是中国音乐史上著名的十大古琴曲之一，流传于古代的扬州。不同时期，广陵琴派都有代表人物，它的演奏风格、审美情趣、速度和力度都很独特。广陵琴派的经典乐曲大受老百姓欢迎，成为各琴派中最有影响力的流派。

音色宽、张力强的琵琶挺常见。在苏州听评弹、说书和看戏时，我常见到表演的女子手持琵琶，配合剧情，随手拨弄着琴弦。在敦煌壁画中，琵琶出现了600多次，最为著名的舞姿是反弹琵琶的飞天形象。每次看到台上靓丽的演奏者，我总臆想女子会抱琵琶飞天而去。

在运河沿线，琵琶发展壮大，形成无锡派、平湖派、浦东派、崇明派、汪派等多种流派。

据说，浦东派琵琶创始人鞠士林，雅号"江南第一手""鞠琵琶"。有一次他到苏州会友，切磋琵琶技艺，至浒墅关，发现水城门已关闭。无奈，鞠琵琶只得等城门打开再进城。夜空中一轮明月，城墙上一串红灯笼，护城河里月影、灯影交叠。见此美景，他弹起琵琶，演奏了一曲《灯月交辉》。官兵们听到如此美妙的琴音，即刻打开城门予以放行。

民间就有了"弹开浒墅关"的美丽传说。

沿着运河，琵琶传到了日本、朝鲜和越南等东南亚国家。

运河人家的婚丧嫁娶，少不了唢呐；官员坐船巡游，需要仪仗，少不了鼓吹；祭祀河神、开漕启航，少不了吹吹打打。

唢呐、锣鼓和十番音乐，还有道教音乐、佛教音乐，在运河畔时时演奏，成为运河生活的一部分。

第八章

在运河边聊生活

　　一方水土养一方人。一条运河，带来无数
工作岗位，带来衣、食、住、行和幸福的生活。

第一节
一条流动的美食带

外地人到扬州，会点上一盘扬州炒饭，坐下来慢慢地细品色香味俱全的米饭。

扬州炒饭是淮扬菜中知名度很高的经典菜，是运河饮食文化交流的结果。

据传，扬州炒饭属广陵（今扬州）船民首创。船只在邗沟行驶，船上饭菜很简单，船民常把上一餐的剩饭与蛋搅拌，做出蛋炒饭。蛋炒饭好吃又解饱，逐渐从运河水上传到扬州岸上。

真正让扬州炒饭扬名的是清嘉庆年间的扬州太守伊秉绶。福建汀州来的太守喜欢吃扬州的蛋炒饭，他常举办诗文酒会，用蛋炒饭招待文人雅士。加入虾仁、瘦肉丁、火腿等材料的蛋炒饭变得美味无比，成为扬州城里的一道时尚菜品。

伊秉绶不做官后，回汀州老家继续吃扬州炒饭。扬州炒饭便在闽粤间流传开去。沿着海上丝绸之路，扬州炒饭走向世界，有华人的地方就有扬州炒饭，有扬州厨师的地方，就有正宗的扬州炒饭。

2019年，扬州获评世界美食之都。此荣誉的幕后英雄是运河，运河带来各方新鲜的原材料，汇聚各地精湛的厨艺。作为运河原点城市，扬州盐商多，盐商拥有巨大财富，扬州的饮食文化逐渐走向精细、精致，直接催生出一个淮扬菜系。

一方水土养一方人。运河之都淮安以北，主产小麦，老百姓以面食为主食；淮安以南，盛产稻谷，老百姓以大米为主食。63万石、57万石、38万石……随着南方各地漕粮不断运往北方，北方人食用大米越来越习惯，种植大米越来越多。南归的漕船运来北方的小麦，南方人开始大面积种植小麦。

运河是一条流动的美食带。

用大排肉当食材，是杭州街头许多面店的惯常做法。宋南渡后，大部分官兵和百姓从东京（今开封）迁来，在运河边的都城临安（今杭州）生活。他们的生活方式不会因来南方而发生巨大变化，特别是饮食习惯。临安城里"饮食混淆，无南北之分矣"。

杭州大排面的祖先就是那时"定居"杭州的。

果木烤紫苏肉和羊肋排，再刷上甜酱，这是东京人的最爱。身处南方，竟能吃上一碗家乡的大排面，有点小满足。北方的美食安抚了北方的胃，安慰了刻骨铭心的乡愁。

南京人吃烧鸭很狂热。从六朝开始吃鸭子，到如今吃出花样百出的鸭子做法。南京民间有一句俗语："没有一只鸭子能游出南京。"但偏偏有一只鸭子"游"出了南京。

说起鸭子，全世界的鸭子都没有北京烤鸭出名。北京烤鸭就是从南京"游"到北京的。

明永乐十四年，朱棣迁都北京，他率领文武百官沿着运河北上。到北京后，随行的官员和各行各业的南方人特别想念南京烧鸭。商人嗅到商机后，开了一家烧鸭店。北京烤鸭就此诞生了。

烤鸭的原食材是运河沿岸老百姓家养的鸭子，经运河，运至北京城。

从南京烧鸭到北京烤鸭，间隔1000多公里。一条运河，吃出鸭子的不同美味。

说完鸭，再说说鸡。

要说运河上的鸡，不得不说著名的三只鸡，俗称运河三大名鸡。在元末明初时，德州已经成为京都通达九省的御路，德州扒鸡是上等的美食艺术珍品。道口烧鸡与德州扒鸡有传承关系，德州连通道口和天津，道口史上有小天津的别称，道口烧鸡成为清廷的贡品。中国名菜符离集烧鸡与德州扒鸡也有传承关系。

天津狗不理包子、扬州包子、开封包子、无锡小笼包，运河的水流让这些包子们都"沾亲带故"。

南运河、北运河、海河在天津三岔口交汇，天津因漕运繁荣发展，被马可·波罗誉为"天城"，其实融通的还有美食。天津菜就有山东鲁菜的做法，讲究爆、炒、炸等重口味；也有鲜、淡、嫩为主调的淮扬菜做法，跟浙江、山东等地用清水煮海鲜，或用海鲜做各种美食的做法相似。

运河沿线35座城市，每一地都有让人难忘的美食。杭州的西湖莼菜鱼圆汤、苏州的松鼠鳜鱼、无锡的酱排骨、扬州的蟹粉狮子头、盱眙的龙虾、徐州的骆马湖鱼头饺子、天津的银鱼紫蟹锅、北京的涮羊肉……

运河名小吃没法报了，因为写不完。

一道道美食摆上桌，运河宴席马上开场：北京盛世牡丹春江宴、天津津沽溯源宴、济宁孟府家宴、徐州彭祖宴、扬州三头宴、无锡阳羡生态宴、苏州雅厨和风宴、杭州游子文化宴，等等。运河沿线物产丰富，交通便利，帝王不时坐船南下和北上巡游一番，沿途无数美食造就著名的运河名宴。

还有两个著名的宴席必须得说。脱胎于《红楼梦》的"红楼宴"，曹雪芹描写了运河边丰富的饮食文化；另一宴席是民族大团结的"满汉全席宴"，来源于运河沿线的江南菜。

运河名宴深得国人喜欢。1949年中华人民共和国成立，开国第一宴选的就是一席以淮扬菜为主的运河名宴。

在流动的运河上，中国美食美名扬。

今晚，我想用南方的大米做一道扬州炒饭，——准备好鸡蛋、虾仁、鸡丁、肉丁、火腿、青豆、香菇、笋丁等食材。

瞬间，我感觉唇齿生津了。

第二节
衣披天下

　　走完杭州拱宸桥，游客会直奔杭州桥西历史文化街区。吸引大家的是那里矗立着的运河三馆，中国刀剪剑博物馆、中国伞博物馆和中国扇博物馆，馆群是老厂房改造的工业遗产。

　　1889年，杭州第一棉纺印染厂的前身通益公纱厂在此建成。那是中国人自己办的最大的机械纺织企业，是浙江最早的民族工业，杭州近代工业的开端。

　　当年工厂的模样如何，杭州人的记忆早已模糊。但当地人从祖辈传下来的故事中，知道无数棉纺产品从家门口搬上运河，船只穿过拱宸桥，运往京城，运达各地，全国的男男女女都穿上了棉纺织的衣服。

　　拱宸桥畔的运河是丝棉纺织中心，运河仿佛站在舞台中央，被聚光灯照耀着。

　　在六朝时期，江南丝织业已具特色。隋唐时，纺织业发达地区聚集在通济渠、永济渠和江南运河沿线，生产普通的纺织品，也生产高端的丝织品。

隋炀帝三下扬州的故事常被人惦记。高高的龙舟上，隋炀帝身披华服，臣子、嫔妃们穿着光鲜，随行的纤夫身着统一制服。两岸树枝上挂的绿丝如柳条垂下，随风飘扬；用带花纹的高档丝织品缝扎的捧花，透露着典雅。

这种奢华只是特例，只在特定时间、地点出现，但足以证明隋朝出产的丝绸制品质量好、产量大。

江南运河沿线，普通的丝绸制造业发达，至唐宋已达到较高水准。

西安大明宫展示唐代女性服饰，考究的丝织品修剪合适，完美地衬托出女子的气质，薄薄的轻纱笼罩，绚丽又淡雅的色彩相互映衬，衣服上绣织着各种花卉或中国特有的民族纹样，画面中随处透露出低调的奢华，绝对称得上是时尚女子。

那种华丽、动感着实让人忘不了，倘若出现在现代的走秀舞台上，想必今日的时装设计师也会从中汲取诸多灵感。

许多传世的宋画中显露出宋代女子服饰的特点，一个字：潮。所有成年女性（包括王公贵族和平民百姓）喜欢内衣外穿，运河沿线的女子是抹胸外加褙子的搭配。

抹胸略微外露，这种大胆的穿法甚至超过现代女性。从出土的宋代文物中发现，抹胸的材质不一般，是罗、绢、纱，可见这些丝织品已走入寻常百姓家。女子抹胸上绣着寓意美好的图案，花朵、鸳鸯最为常见。纹路有团花、火焰、如意、云纹、海石榴等，红、青、蓝、绿、黄、黑、白、金、银、灰等各种色彩都有，但不俗、不乱，让人赏心悦目。

衣袂飘飘，灿若云霞的霓裳织就一幅又一幅中华锦绣华章。

宋代时，纺织业从农业生产中分离出来。个体纺织手工业者不再小打小闹地把它当副业，他们成了专门从事纺织的独立机户。这些机户联合或单干，纺织逐渐形成一定规模，服装业得到快速发展。

"大都出产大量丝织物，涿州居民织造金织物和生产一种最精美的绫罗，哈寒府居民用丝线和金丝织成锦丝罗，苏州居民大量生产绸缎。"元朝初年，意大利旅行家马可·波罗游历运河时列举出各种纺织品。

丝织物、绫罗、锦丝罗、绸缎，马可·波罗连连赞叹运河区域纺织品的精美。

这与"衣披天下"的棉纺织家黄道婆的出现息息相关。黄道婆改进的纺织工具能纺、能织、能弹、能掸，织出的棉纺品有各种图案，直接促进运河沿线的棉花种植和纺织生产，出现了苏州、太仓、昆山等棉纺中心。

经过技术处理，棉花织成的布变成蓝白颜色。蓝白布上有花卉，梅、兰、竹、菊，也有人物、亭台楼阁等图案，朴拙中散发着幽雅的气息，民族文化内涵丰富。

后来，蓝白花布演变为运河沿途最炫的蓝印花布，变成运河地区特有的印花织物，被运河人家广泛地用来做服饰、被子、蚊帐、窗帘。

如今，蓝印花布与苏绣、宋锦等传统技艺成为运河沿线的非物质文化遗产。

明清时期，江南是全国丝棉纺织业中心，苏州、杭州、湖州、嘉兴等地纺织业发达，出现资本主义的萌芽，机户出资雇佣机匠。各工匠分工有差异，各自做不同的工序。

批量生产带来高产量，精细分工带来纺织业的高质量。运河上最主要的商品流通变成了织品贸易，布匹、绸缎从江南出发，一路到华北去，到西北去，到辽东去，随之形成许多纺织品中转市场，临清是其中最有名的。

北京、临清、济宁、淮安、扬州、苏州、杭州等运河城市成为时尚中心。"市井之妇，居常无不服罗绮，娼优贱婢以为常服，莫之怪也。"读到清朝叶梦珠在《阅世编》中写的这句话，我感到非常不可思议，平民百姓居然把绫罗绸缎当作常服穿。

可运河上的船民又是另一番打扮。

"头上帽子开花顶，脚上鞋子无后跟，衣裳穿的布条筋。"这是明清时期流传在嘉兴运河畔的民歌，是船民穿着的真实写照。船工常年与水打交道，船舷湿滑居多，光脚是常态。纤夫拉纤，为节省布料，夏季甚至不穿上衣。当然，漕丁有统一的军服。

　　穿布衣的船工、纤夫、漕丁把精美的丝织品运往各地，把发达的织造技艺带向全国。

第三节

运河人的家

"家"这一字，对每个人都重千钧。"此心安处是吾乡。"家是心安之处，国人对家的安顿从来不将就。在中国辽阔的版图上，分布着形状各异的家，土楼、竹楼、窑洞、碉楼、矮屋、四合院、天井院、吊脚楼、蒙古包、石板房、镶耳屋、红砖厝等，这些家因地制宜，天人合一。

运河沿线名宅、名园、名官署和名街区数不尽，普通民居烟火气息浓郁，移动的家（船）让人在浩瀚天地间有立锥之地。

逐水而居是人类族群聚居的共有特点。对此，运河人比任何族群都迫切，也更有先天优势。

运河沟通五大水系，跨越八个省和直辖市。不同地域运河人的"家"印记鲜明，模样有异。在北方，运河人临水高居；在南方，运河人更直接，"枕"水而居了。

临水高居的家最为著名的是北京四合院。

北京四合院是帝都的标配，在世界民居建筑史上有其重要地位。四合院的"四"指东、西、南、北四面，"合"即把四面房屋连在一起，四合院就是把四面八方的房屋合成一个院落。

四合院呈长方形，中轴对称，方方正正，所有房间朝向中心院落，不似南方水边的住宅会依地形，变换出各种不规则的造型。四合院外墙上几乎没有窗，院落封闭，只有大门与外界相连。只要关上大门，世界就清静了，一家便是一个世界。

有人说，把北京四合院放大，它就变成了王府、皇宫，甚至紫禁城；往小缩呢，就是民居、庭院，还有寺庙。

北京一带的运河沿线，四合院最为常见。从元朝起，北京四合院模仿江南园林设计，官员、富商喜欢在院子里辟出一个花园来。清代中叶，带园林的四合院有几百座。

天津杨柳青石家大院是运河畔典型的四合院建筑，其中仅花园就占地6000平方米，假山、亭台、流水、花卉全有。走进大院，仿佛遇到了四合院套娃，还是多重连套，院中有院，院外有院。石家大院是"天津第一家"，它的建筑很有特色，连一个垂花门也能做得精彩独特。

运河两岸普通百姓的四合院无法如此讲究，但四合院大门上的对联是要认真书写的，照壁、门簪、抱鼓石也要安放的，民族文化色彩浓重的影壁、砖雕、垂花门是用心思的，能彩绘绝对不会节省的，院中小花小草等摆设得点缀的……

淮安因漕运总督署所在地而成为运河之都。明清时期，淮安漕运官员云集，部分官员来自北京，吃穿住行样样向首都看齐。总督漕运部院建筑就是一个被放大的四合院。

官员的喜好会影响当地民居建筑，淮安民居融合了北京四合院和徽派、淮扬地区建筑特征。院落重重相套，高低错落有致，堂屋高大，自带北方建筑的豪气；建筑装饰注重砖雕、木雕、石雕，雕刻精致，兼具南方建筑的秀气。

与淮安相似，扬州、泰州、镇江等地水系发达，水网纵横，依水而建是正常选择。

江淮民居特色明显，院落连接着房屋，横长的天井是中心，四面房屋向内聚拢。雨天，雨水从各屋汇聚，一致向天井排水，隐喻"财不外流""肥水不流外人田"；正房朝向天井，光照充足；高高的天井可拨动风，空气流通。

一个天井有这么多奥秘，古人的智慧令后人大为折服。

见到"江南"一词，人们会联想到"小桥流水人家"，眼前会浮现出江南水乡的意境。

枕水而居，枕着水居住，把水当枕头，多么形象的词语。运河边历史文化街区多，苏州的山塘和平江、杭州的桥西、绍兴的八字桥、湖州的南浔等地至今保留着"水陆相邻，河街并行"的居住模式。

苏州是水都、水城、水乡。山塘街被曹雪芹称为"最是红尘中一二等富贵风流之地"，保留着大量晚清和民国时期的古建筑群，河多、桥多，民居大多是临水盖房，依水生活。

河街建筑是江南民居独有的"样板间"。

房屋一边是运河，推窗、开门见运河。土地资源有限，只能挑空延伸出一部分阳台或是檐廊。厨房明亮，可以节省灯油，卧室会暗一些，私密性较好。有些人家还带私人码头，交通便利。照现在房地产开发商宣传角度去看，绝对是一线"水景房"，"枕水"就是卖点。另一边是街道，靠水的街道人流量大，小船一靠岸，生意就来了。有时还会出现运河的两边建筑都是如此布局，似乎两岸还在比拼谁更繁华。

庭院里会种植一些花草，但禁忌各不相同。苏州一带门前不种桑槐，说是与"丧""坏"谐音；山东临清、德州一带不这么认为，他们喜欢种桑槐树遮阳，用桑槐木做家具。

济宁运河民居在砖雕上做文章，把鱼、蝙蝠、扇子、荷花、云彩等题材砖雕搬上高高的屋脊，期待美满幸福来临。站在济宁民居前面，像在参观精湛的砖雕、木雕艺术展。

运河人还有一种特别的家——船，吃喝拉撒睡全在船上。船到哪里，移动的家就漂到哪里。以船为家的多是穷苦的渔民，不具备上岸生活的条件，只能在运河上"随波逐流"。

运河水流通，运河人的家互相借鉴，你家学我家，我家学你家，扬州学杭州，杭州学扬州，扬州学天津，你的家像我的家，我的家如你的家，南北的建筑风格互相杂糅、影响，但又保留着独特的地域风格。

第四节

靠水吃"水"

现代人快节奏的生活催生了外卖职业，外卖提供了700万个岗位，大街上随处可见匆匆而过的外卖员。

北宋的张择端把"外卖小哥"画进了《清明上河图》。画中一名男子一手端着两只碗，一手拿着筷子。另一处则是一名男子头顶大盘子，手提支架，在人群中行走。不远处的画面上挂着"孙羊正店"的布旗，想必这两位外卖小哥拿的正是店里刚烧好的食物，他们要给忙于工作的汴河人送去。

自古道，靠山吃山，靠水吃水。一条汴河给东京（今开封）人带来无数工作机会。

运河沿岸老百姓的工作有直接服务运河的，有间接与运河关联的，也有七弯八拐最后还是跟运河扯上关系的。

漕运是运河最主要的功能。漕运会提供多少工作岗位，我想谁也算不出来。

漕船在运河上运送漕粮，南来北往，有时得一年时间。在大型漕船上，官员、漕丁、民工人数众多。明清时，京杭大运河有漕船12000艘、漕军12万，不同工种的船工无数，船夫、脚夫、闸夫、坝夫、驿夫、纤夫……从船上到岸上，还可以写出更多的"夫"。每一个"夫"都是岗位人员的称呼，这些人吃喝拉撒睡全在船上。漕船运输，运河沿岸要配置必要的设施，码头、粮仓、驿站都是必需的硬件，这些地方都要大批人手去干活。

说到码头，浙东运河的西端起点西兴古镇就有一个特别的行业——过塘行。从浙东运河过来的物产，被运到西兴码头，过钱塘江才能到杭州段的京杭大运河，再往北京去。这期间，需要有人专门转运货物。西兴有七十二爿半商家，商户们过茶叶、烟草、药材，过粮食、棉花、丝绸，过盐、酒、醋，一路"过"，一路吸引更多老百姓加入过塘行队伍。

船，无疑是运河上最"飒"的主角。

春秋战国时期，战船时常出没，各国造船水平都不赖；三国时，曹操和孙权互飙船技，东吴可造出载3000人的"航空母舰"；隋炀帝下扬州，移动的龙舟宫殿和嫔妃、百官乘坐的船只组成船队，隋朝5个月能造出上万艘船只；唐代运送漕粮的船队壮观，车轮战船的建造技术领先欧洲700年；宋代民间造船业发达，临安（今杭州）、平江（今苏州）、镇江、楚州（今淮安）、秀洲（今嘉兴）等地都是造船中心；元朝时为一场战役造几千艘战船，当时南洋、印度洋上都是中国的船舶；在明朝，造船业达到顶峰，造船厂竟然占地8100亩，郑和下西洋的船载重量2500吨，排水量3100吨。

在此，我不厌其烦地罗列历朝历代的造船业，这些战船、官船、民船、商船不是魔术变出来的，是工匠们一天又一天造出来的。工匠不能马虎，船只质量不过关，船到水里会死人。如果是战船，就会打败仗，可能还会因此亡国。

好，算总账。请计算每一个朝代造船工匠人数、管理者人数、后勤保障者人数。

这道数学题无解了。

运河有禁忌：怕淤塞、破坏、污染、闲置。2500多年来，运河开凿沿用至今，几乎没有停止过修河。水系会变化，河道会改变，水情会突变，治河理念、管理机构、运行机制也不是一成不变的。运河兴，帝国随之昌盛；运河衰，帝国会走向败落。治水，历来是统治者的常规工作和重点工作。

每年每地投入治水队伍的人数无法计算。

运河流通，带来繁荣的商业，带来人烟稠密的城镇，运河流域的手工业持续发展。

唐代运河沿线遍布瓷窑，浙东运河、江南运河、通济渠运河等都有制瓷业、制陶业。白瓷、陶器通过陆上和海上丝绸之路，远销中亚、西亚、南亚、西洋等地。

明代江南运河段的棉纺织业发达，规模非常可观，用工需求大。造纸、印刷、酿造、造船、制革等手工业在清代都有大规模的经营，从业人数众多。

扬州玉雕、扬州铸镜、扬州彩绘、扬州漆器，从手工业演变而来的工艺美术，光是一个扬州便可以列举出很多，这些都需要大量从业者。

每一个工种可以养活无数人。

像杭州、苏州、扬州、淮安、济宁、临清、天津、北京等运河沿线城市，商业发达，人口聚集。船从运河上过，统治者要收税，缴税由商业管理和服务机构操作，运河就要设置钞关。生意做大了，带钱不方便怎么解决，好办，开个运河钱庄。生意不好做，需要周转资金，运河当铺就出现了。会馆更不用说了，各地都有，商人需要议事、交易的场所。

运河是最美的旅游线路之一，帝王、官员、文人墨客、普通百姓从运河上通过。船上颠簸，上岸休整就到茶坊、酒肆、饭店放松一下。对一座城市的了解从人文历史开始，坐上牛车、轿子、人力车来个一日游。观光旅游后会去购物，得带些土特产，买些绸缎、珠宝给家人，顺便做个美容，算个命，理个发。

制作运河美食、传播运河文化，自然需要有人去做。

运河就是劳动者的人间天堂，遍地都是工作岗位。

一句话，生活在运河边，工作总是好找的，日子总是好过的。

第五节
民俗里的运河生活

博大、包容、开放的运河给沿线城邑带来丰富多彩的民俗风情。岁时节日、庙会庆典、人生礼仪等无不烙上独特的运河印记，传递着运河人对物质和精神生活的向往和憧憬。

"东风夜放花千树，更吹落，星如雨。宝马雕车香满路。凤箫声动，玉壶光转，一夜鱼龙舞。"写元宵的众多古诗词中，辛弃疾《青玉案》的意境尤其美。"一夜鱼龙舞"写尽运河城市的繁华，不夜天的景象让人沉醉。

有电视台拍摄了京杭大运河的纪录片，片头片尾都是鱼龙舞的场景，画外音乐响起，宋代女子款款而来，"东风夜放花千树"歌词缓缓流出……观众随即被带入剧中。

在元宵夜，运河沿线家家户户放灯。运河水倒映着灯火，似梦似幻，不像人间。

当时南宋王朝免费给老百姓发放蜡烛和灯油。临安城（今杭州）放灯不限元宵节一天，豪气地连续放五天，从正月十四一直放到正月十八。

苏州、扬州、太湖一带都有放灯的节庆习俗。爆竹声声，绚烂的烟花绽放在夜空中，街头灯笼高挂，彩带飘飘，老百姓彻夜不眠，欢闹不已。至今，运河沿线延续着元宵节放灯的习俗。

端午节是为纪念爱国诗人屈原投江而设的节日。对此节日，运河城市和乡村比其他地区更为重视。赛龙舟是标配。据考证，赛龙舟最早出现在江浙地区，是吴越人祭水神的祭祀活动，中国最早的赛龙舟图形就是在浙东运河宁波段被发现的。

江浙或江南一带水网密布，以舟代步最常见。忙时坐舟捕鱼捕虾，运输农作物；闲时划船比赛，寻找生活乐趣。工作与娱乐两不误。赛龙舟就在运河沿线地区流行开了。

宋时，杭州西湖上有赛龙舟的固定节目。端午节这天，西湖上龙舟竞发，战鼓雷动，游人助威呐喊声直冲云霄。如今在端午节前夕，杭州西溪国家湿地公园会举办龙舟大赛。

在中国各大水系中，运河特别适合赛龙舟。

过端午节，家家户户会插上驱蚊虫的艾草和菖蒲，挂满祈福的香袋，品尝各种口味的粽子、咸鸭蛋，亲戚朋友一起共享丰盛的午餐。绍兴、杭州、湖州、苏州、无锡、扬州虽同属运河区域，但端午节习俗有些细微差别。

在北方，通州运河有龙灯会，过年、过节、庆典、庙会祭祀、灾年祈福都会舞动龙灯。通州的龙跟其他区域的红色龙不同,它是蓝色的,通州人说蓝色代表水,龙生活在水中。这种说法应该是通州独有的。通州人喜欢一男一女同时舞动两条龙。看惯了红色飞龙在狂舞,突然瞅见两条蓝龙凌空腾跃,威武又神气,的确别有一番风味。

"河冰初解水如天,万里南来第一船。彻夜好风吹晓霁,举头红日五云边。"在《二月二达通州》中,元代诗人贡奎写了春天漕船来通州的情形。

河水解冻,雨过天晴,送走沉寂的冬天,终于迎来第一艘漕船。万物醒,漕船通,食物来了,工作岗位也有了,城市又开始热闹了。这是多么让人开心的事啊,应该举行盛大的庆祝仪式啊。

从明朝开始,每年农历三月初一左右,等山东、河南的第一批漕船到达通州,官府就会举行春祭,敬自然,拜神灵,祈求一年四季风调雨顺,漕船平安。

庆祝漕粮到通州,演变出一个节日——通州开槽节。

通州开槽节有公祭和民祭。公祭更庄严。中央官员、通州地方官员、各省工商会馆官员、通州民众等数万人参与祭祀活动。祭祀现场数万人,这种壮观的场面不常见。

隆重的公祭结束,民祭开始。沿着堤坝,各方文艺人才上台表演,类似现在的综艺连载。民祭结束,开始吃,行政官员吃,商会官员吃,老百姓吃,只不过在不同的场所吃,这与吃货节相仿。官民狂欢，全民狂欢。像现代的开渔节一样，开漕节后，漕船和商船就在运河上忙碌了。

运河人家以运河为生，运河生活形成独特的生产习俗。在陆地生活的老百姓搬新家，会举行乔迁新居仪式，在运河上也是如此。

淮安渔民新船下水，要举行"交船头"仪式。在船上贴对联，插彩旗，挂筛子，悬明镜，寓意逢凶化吉，出入平安。还有"汛前宴""满载会"等习俗，词意很通俗，鱼汛前渔民聚餐，春汛前祈祷满载而归。习俗与生活环境、生产方式密切关联。

船民通常会在船尾放些万年青等盆景，寓意万年长青，平安顺遂。也有些会放鸢尾花，枝条上挂着几朵鲜嫩的小花。鸢尾花的花语是前程万里，也代表财源广进。船民把船开到哪里，盆景就跟随到哪里。

运河水带来便利的交通和丰富的物产，带来一切生活所需，但运河行船并不是一帆风顺，伴随而来的还有水灾。船民对运河产生敬畏崇拜之情，于是与运河相关的水神诞生了。

不同流域由不同水神护佑，运河上出现大禹、夫差、刘濞、妈祖等一批水神。台儿庄运河船民的保护神是"金龙四大王"，船民在每月初一、十五要摆放贡品，请河神保佑。贡品很丰盛，有鸡、猪、鱼、水果、点心等，猪还是整头的。

婚丧嫁娶、社交、商贸、居住，各地运河百姓有各自习俗。

语言禁忌也很多，灾难的谐音字都要避免，比如很忌讳"翻"字，船员不说"起帆"，而是讲"起篷"，乘客不说"翻身"，吃鱼不能把鱼翻过来。

第九章

大浪淘沙的重要人物

　　运河史是劳苦大众用生命书写的，其中的重要人物还包括帝王、治水专家、文艺家、立法者。

第一节

缔造运河的老百姓

穿过山脉，穿过大海，穿过地底，开车驶出不同地貌的隧道，我会感慨现代科技的了不起，如果挖运河像如今挖隧道一样，会怎样？

于是，我上网搜索，如果现在开凿隋唐大运河需要多少时间，多少经费，多少人力？

这道题似乎不在网络的题库中，反馈不出具体的数字，或许是难倒了无所不知的网络吧。但我估摸着，挖河的年数大概是个位数。

有人拍摄过一部纪录片，用现代高科技工具挖运河。挖掘机边挖泥边倒土，每小时180立方米，即便挖坚硬的土壤，每小时也可以达到100立方米，最慢每小时推进7米，最快18米，一个星期就可以挖好一条运河。如果想更经久耐用，就派出铺河机，在两边河道上同时铺砖块，既快又美观。

现在挖河居然如此简单，但在古代，挖运河对老百姓而言就是一场灾难。

秦始皇修长城直接造就中国民间四大爱情故事之一——《孟姜女哭长城》。运河也有类似故事，只是"孟姜女哭长城"实在太有名，张家女、李家女、王家女哭运河都被掩盖了。

1400多年前，隋炀帝挖运河投入多少人力？

605年起，隋炀帝开启浩大的运河工程。以东都洛阳为起点，向东南，凿通济渠，连邗沟，接江南运河，直抵余杭（今杭州）、会稽（今绍兴）；向东北，开永济渠，直达涿郡（今北京）。

至610年，约2700公里的南北运河连通了。

将一将民工参与各段运河的人数：凿通济渠，百多万河南各郡民工；开邗沟，十多万淮南民工；接江南运河，几十万江南民工；开永济渠，百多万河北诸郡民工。

总人数合计360万左右。

360万民工自愿吗？

不！都是强征来的。

隋炀帝下令全国15岁至50岁男子都要参加，如果有隐瞒藏匿的，斩三族，家中没有男丁服役的，由妇人顶上。每五家还要再抽一人，这一人不分男女老少，去给民工做饭。

民工们赤脚踩在泥土上，使劲地用力，把挖土工具切进泥中，挖出一捧土；泥土堆叠在地面，民工们用竹编的筐子装泥土，肩挑背扛，费尽力气运泥；到山上打下石头，用牛车一趟趟搬运，堆放在河岸边，民工们砌成了堤坝；没有现成的凿河、运泥、敲石、筑堤的工具，民工们还要准备各种家伙。

攻打高丽是隋炀帝的梦想，没有运河，他的野心就实现不了。时间很紧，工程很急，那就要让民工们在最短的时间完成开凿运河的任务。

天未亮，监工就赶民工们干活；夜已黑透，民工们还无法歇工。民工们没日没夜地挖掘运河，搬运泥土，转运石块。采石工、凿河工、纤夫的劳动号子伴随着催人泪下的呻吟，劳役之苦超过牛马。

民工吃在工地，睡在工地，一旦稍有迟缓，就被监工毒打。棍棒下的民工死伤惨重，横尸遍野。一年不到，民工竟死了250万人左右。

家里的主要劳动力去挖河了，田地的农活没人干，可庄稼不等人，这一季的田地就荒废了。口粮没了，家人的温饱解决不了，饿死者海量。

一条运河承载了无数个家庭的苦难和血泪。

604年，隋炀帝登上帝位。609年，朝廷做过一次非常详细的人口普查。据《隋书·地理志》记载，全国户数890多万，人口4600多万。挖运河6年，直接使全国总人口减少近6%。

运河利千秋万代，可对隋朝老百姓而言，关乎活命。沸腾的民怨动摇了江山根基。因运河而兴盛的帝国，最终因运河而灭亡。

但奇迹就这样被中国的老百姓创造出来了。

隋朝大运河为中国赢得"运河帝国"美誉，沟通海河、黄河、淮河、长江、钱塘江五大水系。以洛阳为中心，运河沿线出现一大批繁华城市。

挖运河。

大家都来挖运河。

数一数隋代前几次著名工程：吴王夫差挖邗沟160公里，连接长江和淮河，开深沟引菏泽水；吴王刘濞开凿同名的邗沟；东汉末年，陈登开凿邗沟西道；秦始皇开凿镇江到丹阳的运河，修建苏州到钱塘（今杭州）的水道；三国东吴在句容开凿破岗渎；曹操修治睢阳渠至官渡。

这些挖河的民工数量巨大。元代开凿山东境内的会通河，征用250多万人；明代修整会通河，投入16万余人。

挖完运河，并不是可以一劳永逸。运河水流着流着，变道了；堤坝经年累月承受冲刷，塌方了；黄河泥沙流入，运河淤积了；天灾人祸，运河连带遭殃了。

运河直接连通帝国的经济命脉，修补运河是历朝历代的常规工作。

唐朝的汴河（就是隋代的通济渠）引的是黄河水，经常淤积泥沙，每年要疏浚，几年要大修一次。唐玄宗时期就修了三次，每次都征集几万民工。这只是其中一个运河维护、疏浚的工程。

运河水南北落差大，相差60米，运河沿线有很多闸、坝，开闸、放闸、通航需要劳动力。在运河上忙碌的，还有无数船工、水手、纤夫、搬运工，及工程专家和技术官员。

运河史就是一部劳苦大众用汗水、鲜血和生命换来的创造史。

中国大运河鲜活地证明："人民，只有人民，才是创造世界历史的动力。"

第二节
运河上的帝王

夫差、刘濞、曹操、隋炀帝……忽必烈、朱棣、康熙、乾隆，翻开运河这本大书，书页中走出一位又一位帝王。

隋唐前，因战争开凿了运河，用运河运输粮食、物资和士兵。之后，帝王们出于政治和经济目的，从南方搬运物资到北方，保障帝国王朝太平安定。

毫无例外，古代帝王都喜欢修建运河。

在扬州的吴王夫差广场，世人便会见到挖邗沟的"夫差"。夫差雕像身披铠甲，伟岸且威风。他面向东方，左手拿着一卷地图，右手指向前方（开邗沟的地方）。雕塑四周刻着夫差开邗沟、筑邗城的场景。

邗沟大王庙里，供奉着夫差像。"曾以恩威遗德泽，不因成败论英雄。"扬州人给夫差写了一副对联，客观地评价夫差。夫差虽是亡国之君，但他的作为不能被忘却。

2500年后，扬州人用塑像的方式，纪念夫差开邗沟、筑邗城、诞扬州城的不朽伟绩。

公元前486年，吴国末代国君夫差开挖邗沟。"吴城邗，沟通江、淮。"江是长江，淮是淮河，邗沟南至长江茱萸湾（今扬州市区），北达淮河山阳湾末口（今淮安市区）。邗沟连通了长江、淮河两大水系，成为运河河道成型最早的一段，并有确切纪年。

运河第一位帝王的名号稳稳地落在了夫差头上。

北上争霸是夫差开凿邗沟的动机。顺着邗沟，夫差的北伐军队迅速打败陈国、齐国、楚国，夫差的霸主地位得到巩固。

夫差挖邗沟之前，各诸侯国看中水运在战争中的天然优势，争相开凿运河，但都不成气候，运河兴废不定。

夫差之后，历朝历代帝王在邗沟的基础上，把运河版图越扩越大。战国中期的魏国、秦始皇、西汉政府、东汉末年的曹操都对运河进行过开掘、整治、修理。

不过，他们都把"中国大运河第一次全线贯通"的伟大使命，留给了隋炀帝。

公元604年，隋炀帝继位。第二年，他便迫不及待地开始修建运河。6年间，隋炀帝开永济渠、通济渠，修邗沟、江南运河，以东都洛阳为中心，南至余杭（今杭州）、会稽（今绍兴），北达涿郡（今北京），形成"Y"形的运河，全长约2700公里，将钱塘江、长江、淮河、黄河、海河五大水系连接起来。

隋炀帝修建运河的目的很明确。

在隋炀帝之前，南北地区大部分割裂。经济重心、农业产区在南方，政治中心洛阳在中原地区，军事重镇在华北地区。运河串联经济、政治、军事中心，促进全国统一，加强中央集权。

一条运河带来双赢，甚至三赢。

帝王重视运河，因为运河的漕运功能。直白地说，运河是国家的政治命脉。

隋炀帝的谥号为"炀"，他有诸多负面野史流传广泛。其实，隋炀帝和吴王夫差有些相似，他们都是有争议的君主，有宏才伟略，但都急于求成，失信于民，最终没能善终。

唐朝诗人皮日休把隋炀帝与大禹相提并论："若无水殿龙舟事，共禹论功不较多。"隋炀帝的功过，历史自有评判。"修建运河，贯通南北"是隋炀帝一生的主要功绩。他的名字与隋唐大运河紧密地连在一起，彪炳在运河史册上。

后人说起隋唐大运河，就会谈隋炀帝的运河故事。

"中国大运河第二次大沟通"是忽必烈完成的。

在马可·波罗眼里，忽必烈是"从亚当时代至今，世界上曾有过的，统治着人民、土地和财富的最强大的君主"。

元朝开国皇帝忽必烈把都城定在大都（今北京）。大都成为全国的政治、经济、军事、文化中心，但京都人的口粮却在遥远的江南。

南粮北运是否顺畅，直接影响元朝政权的稳固。海运，风急浪大；陆运，行路艰难；运河运输，却绕道洛阳。

如果有一条直行的运河，南方粮食走运河，一直向北，到达大都，那么，所有问题都解决了。

情况确实如此。

1281年，忽必烈下令挖运河。

挖通山东东平到济宁的济州河、山东临清到东平的会通河、大都到通县的通惠河。至此，从大都到杭州，有通惠河及白河、御河（隋代的永济渠北段）、会通河、里运河（即邗沟）、江南运河等水道，全长约1794公里，并更名为京杭大运河。

运河的"Y"形被裁弯取直，不再流经洛阳，河南和安徽北部的运河被废弃，距离缩短了近千公里。

中国大运河迎来了生机勃勃的运河时代。

如果从巡河知名度看，隋炀帝排第一，第二名当属康熙、乾隆爷孙俩。受戏说的电视剧影响，世人常以为康熙、乾隆沿运河下江南，就是游山玩水。

其实不然。

康熙是名副其实的治水专家，他的言论被编入《康熙帝治河方略》一书中。

1684年、1689年、1699年、1703年、1705年、1707年，康熙曾六次南巡，不是到南方一游，而是货真价实地治河。他实地调查研究，视察黄河下游、江苏境内淮安等地运河，提出治水方案。在扬州高邮，康熙亲自测量、比较运河水和高邮湖水的高度。他还在黄河、淮河、运河交汇处，测量水位。

运河稳，意味着天下稳。

如非遇到回天乏力之事，帝王们谁也不敢拿自家江山和性命开玩笑。

第三节
了不起的治水名家

运河从诞生那一刻起，广大劳苦大众就成为运河绵延千年的缔造者，历代帝王成为运河千秋长流的开拓者，工程专家和技术官员成为运河亘古长青的守候者。

时代造就运河，运河造就治水名家。

东汉广陵太守陈登重新开挖邗沟；唐淮南节度使李吉甫修水利设施平津堰，唐代大匠姜师度修筑数十项大型水利设施；元朝科学家郭守敬主持开通京杭大运河；明代宋礼和白英主持修建南旺枢纽，陈瑄整治运河，潘季驯四次主持治理黄河和运河；清朝靳辅和陈潢整治黄河。

这一连串名字与运河紧密相连，永远留在运河史册上。

陈登，字云龙，因出现在《三国演义》中被后人熟知。陈登向曹操献计灭吕布有功，被授广陵太守职务。

当广陵太守时，陈登得知邗沟淤塞百余年，他见河道迂回曲折，就重新疏通邗沟，将其改为直道，沟通长江、淮河。这直接为隋炀帝开通运河打下了基础。

在任期间，陈登开凿多条人工水道。后人"爱其功，敬其事"，称水道为云龙河、陈公塘。

为纪念某人的功劳，老百姓会以某人名字命名功绩。白居易、苏轼和杨孟瑛为西湖疏浚做出贡献，杭州老百姓亲切地称西湖上的三条堤为白堤、苏堤和杨公堤。

广陵一河一塘皆以陈登名字命名，足见当地老百姓对他的敬仰程度。

郭守敬，何等人也？天文学家、数学家、仪器制造专家。根据现代人的说法，郭守敬是跨界人才、复合型人才。在运河史上，他有一个响亮的称号：水利专家。

就说说郭守敬干过的两件事。

根据忽必烈的旨意，郭守敬完成了中国大运河第二次贯通的工作。京杭大运河诞生。

元朝大都城（今北京）的粮食主要依赖南方产粮区。南方的粮食沿着运河到达京城，不，确切地说是到通州。通州离大都城还有几十公里。搁现在，这点路程不算什么，车轮一滚，几十分钟就解决了。但运粮的不是汽车，是各种牲口车，得把船上的粮食搬上车，哼哧哼哧运到京城，又把粮食搬下来。如遇上雨天，道路湿滑，牲口折损量大，到达时间更是遥遥无期。

任都水监的郭守敬通过系统勘测，科学规划河道，开凿通惠河，打通了京杭大运河的最后1公里。

地处我国西北的宁夏有一个外号：塞外江南。西北如江南，多让人羡慕。这名号与郭守敬有关。

1264年，郭守敬修复黄河灌区10条干渠、68条支渠，直接灌溉9万余顷田地。久旱逢甘霖，但甘霖要看老天爷给不给，而渠中的水就不同了，源头有活水不停流。田地的灌溉得到充分保障，塞外也可以有江南的风光。

宋礼和白英这两个名字常同时出现，与他们一起的还有"南旺枢纽"一词。

宋礼是明朝工部尚书，白英是一介村夫。他们怎么会在一起？这得从黄河说起。

元末，黄河决口，淤积的泥沙弄断了会通河。会通河不流通，漕船过不去，粮食运不到京城。

没辙了。

但工部尚书宋礼必须找到"辙"，皇帝给他的任务就是疏通会通河，寻找到合适的水源。

宋礼做足了调查文章。在一个村庄里，他遇到了民间治水专家白英。白英见一位部级官员能如此深入现场，对治水这般有见地，还这么谦逊，他便把毕生的治水经验一一和盘托出。宋礼一听大为惊讶，高人在民间啊。两人惺惺相惜，宋礼邀请白英与他一起治水。

历时9年，举世闻名的戴村坝建成。

会通河水源充足，漕船畅通无阻，运载量500万石。南旺枢纽一直旺，一直是枢纽，中国大运河南北交通枢纽地位得到首肯。

如果你去南旺，请你一定去看看后人给宋礼和白英建造的祠庙，他们的治水故事说不完。

在各运河博物馆中，常见到潘季驯的治水功绩和书籍。潘季驯是《河防一览》的著作者。他4次任总理河道都御史，主持治理黄河和运河27年。

潘季驯在观察中发现了水流秘密：水流速度快的地方，河床就深，反之，河床容易淤积。他还发现：水的清浊居然跟挟沙力成正比，清水比浑水力大。他提出了著名的"束水攻沙""蓄清刷黄"方针。

这个理论深深地影响了后人治理黄河的思想和实践。他被世人称为世界水利泰斗。

2019年，水利部开展"历史治水名人"推选工作，推荐渠道多条，最后名单上有大禹、李冰、姜师度、苏轼、郭守敬、潘季驯等12人。

没错，大文豪苏轼名列其中。

苏轼是北宋中期文坛领袖。他的书、画、诗、词、散文在世界享有盛誉。世人翻开苏轼的为官履历表，发现每一处任上，他都在治水。从仕途起点陕西凤翔治理东湖起，他辗转各地，始终在治水，治黄河、太湖。单是西湖，他就治理过颍州、惠州、杭州的西湖。

苏轼治水，不全是治理运河水。他两次在杭州为官时期，大规模疏通运河和西湖，助力杭州成为运河沿线最为耀眼的城市。

苏轼是跨界治水的运河水利先驱。郭守敬也是。

跨界的水利先驱可以列举多位，刘晏是唐代的经济改革家，也是"借助大运河理财第一人"；沈括是宋代的科学家，独创"分层筑堰法"，将运河边的盐碱地变为良田；张謇是近代的实业家，创办了中国近代最早的水利高等学校，培养水利专业人才。

第四节

书写运河故事的文艺家

说起运河主题的名画，世人首先会想到《清明上河图》。

《清明上河图》是中国十大传世名画，描绘了北宋都城东京（今开封）的郊外、汴河、街市等场景，对研究运河两岸的历史、社会、人文、建筑有很高的价值。

运河主题的名画还有《姑苏繁华图》《潞河督运图》《运河揽胜图》《南都繁会图卷》……

这些以运河为主角的名画都是传世之作。张择端、徐扬、江萱、王素、仇英等名字闪耀在美术史上。是运河托起画家的卓绝，还是画家让运河更加不凡？

书写运河的文艺作品，更是数量惊人，经典连连。

有人编著了《大运河古诗词三百首》一书。诗经三百首，唐诗三百首，宋词三百首，"三百首"是中国文学史的经典符号，此书起名"三百首"有此用意。

运河上，漂流着300首运河诗词，运河无疑是一条诗词之河。228位诗词作者分布在隋、唐、宋、元、明、清各朝代。唐宋大家有宋之问、张若虚、王之涣、孟浩然、王昌龄、王维、李白、崔颢、刘长卿、孟郊、张继、韩愈、白居易、刘禹锡、杜牧、李商隐、罗隐、皮日休、柳永、范仲淹、晏殊、欧阳修、王安石、苏洵、苏轼、苏辙、黄庭坚、秦观、周邦彦、曾几、范成大、杨万里、姜夔、文天祥等。随便点中一位，他在中国文学史上都有一席之地。

　　"齐公凿新河，万古流不绝。丰功利生人，天地同朽灭。"这是一首送别诗，李白在《题瓜州新河钱族叔舍人贲》开篇颂运河。"万古流不绝"，运河的磅礴之势呼之欲出，"天地同朽灭"，运河水流淌2500多年，还会继续在大地上奔涌。

　　白居易《长相思·汴水流》："汴水流，泗水流，流到瓜洲古渡头。吴山点点愁。思悠悠，恨悠悠，恨到归时方始休。月明人倚楼。"连绵不绝的运河水，尽诉悠悠的长相思，流水长长，思念绵绵，满纸都是似水的柔情，爱情是多么缱绻动人。

　　皮日休一反众口之辞，写下《汴河怀古》为隋炀帝翻案。千里运河，地域多么辽阔，国计民生"赖通波"，运河关乎国家大计。他写隋炀帝开通运河的功绩堪比大禹，为隋炀帝洗脱不实罪名，在咏史怀古诗中别出心裁。

　　写运河的诗词数不胜数。诗人、词人写尽运河的时空、文化与历史，写尽"万古流不绝"的运河风采。

"逝者如斯夫，不舍昼夜。"时间像运河水不停地流逝，但书写运河的故事一直没有停歇。

外国旅行家、使团人员、传教士书写中国大运河，老百姓记录运河生活。

2020年初，一本书在沧州引发关注。

100年前，英国人米范威·布莱恩特写了《运河人家》。书中展现了一幅运河风情画卷：运河边的庙会、航船、医院，普通中国家庭的日常生活，当时中国的社会面貌、人文风俗等。

《运河人家》重现了百年前的大运河、老沧州的故事。

以运河为中心，描绘蕴藏在运河之中的中国文化精神，现当代文艺家不遗余力。书写运河的文艺作品种类齐全，文艺名家们的戏剧、电影、电视、曲艺、舞蹈、摄影、书法、民间文艺都有经典作品。

刘绍棠是中国著名乡土文学作家，"荷花淀派"代表作家之一，"大运河乡土文学体系"的创立者。

运河的乡亲养育了刘绍棠，刘绍棠用一生心血创作了运河乡土文学，奉献给运河。他的作品多以北运河一带农村生活为题材，格调清新淳朴，乡土色彩浓郁，展现运河儿女群像和自强不息的民族精神。刘绍棠被世人誉为"大运河之子"，他的名字与运河紧紧相连。

徐则臣的《北上》获第十届茅盾文学奖，作家在运河看世界，用世界眼光看运河。《北上》反映了运河对中国政治、经济、地理、文化、水文变迁的重要影响。

徐则臣自小生活在河流边，后来工作在运河城市淮安。2018年，作家谈《北上》的创作背景，自称写作22年，20年都在写京杭大运河，运河一直是自己小说的发生地。对运河的了解越来越多，就萌生了把运河作为主角来写的想法。

著名导演崔巍为配合中国大运河申遗，出品了《遇见大运河》舞剧。

"让我遇见运河，让运河遇见爱运河的人。"

一群寻踪运河历史时空的艺术家上场，运河的面纱徐徐拉开，"开凿、繁荣、遗忘、又见运河"的故事呈现在观众面前。这是一个生命、水、泥土的故事；一个保护、爱、行动的故事；一个人与水之间的感情、人类对生命与自然渴望的故事。

这是一部开口说话的舞剧，一部没有句号的史诗，是中国第一部文化遗产传播舞剧。

《遇见大运河》在中国大运河沿线35个城市巡演，还开启"世界运河遇见之旅"，与巴拿马运河、科林斯运河、莫斯科运河、伊利运河等世界著名运河相遇，中国大运河与世界其他运河对话，中国文化与世界其他文化相遇。

《遇见大运河》这类现象级的作品出海，向世界展示了浙江魅力、中国气魄。《遇见大运河》剧组被联合国教科文组织授予"文化遗产传播保护使者"的荣誉称号，崔巍和她的团队为国家赢得了荣誉。

第五节
立法者，运河的保护神

"开成二年夏，旱，扬州运河竭。"北宋欧阳修编撰的《新唐书》中首次出现"运河"这个词语。

"大运河"一词初次登场则在南宋《闲淳临安志》中，"过东仓新桥入大运河。"

其实，运河从诞生起，不管它的名字是沟、渠、水，还是运河、大运河，它都有内容丰富的"管理条例"，有厉害的护身符。

在杭州担任市长期间，苏轼对西湖和运河的治理，有许多文字记载。《江南运河》书中介绍了苏轼的治水工作："苏轼还提出了候潮以启闭闸门；维修堤岸、纤道；立石塔为界，禁人租佃西湖水面；差钱塘县尉司带管勾西湖司事等六项运河管理条例。"

查阅各种书籍，未能找到苏轼提出"运河管理条例"概念的确切内容，或许"运河管理条例"是后人概括的。

因为私开水渠、巡河松懈、污染水源，百姓和官员被送进大牢，北京的运河史上就有详细记录。

康熙年间，朝廷在河堤上立碑，告诫居民不得在运河边建房、取土、引水等。

但有人偏不信。

永定河边有户人家仗着是宛平知县的亲家，开沟引水，灌溉自家十几亩菜园。巡河官员多次劝告，均无效，无奈只得上报朝廷。

康熙皇帝大怒。永定河是北京的母亲河，一旦遇上涨水，被挖过的堤坝就会决裂，必定危及京城。

最终，这户人家十几口人被关进大牢，亲家被处罚，十几亩菜园被铲平。

嘉庆六年夏季，永定河汛情严重。一名巡河官员擅离职守，到宛平城饮酒夜宿，被人发现，立即被送进大牢。

这种处理依据充分，朝廷要求："河务官员胆敢漫不经心，任意懈驰，不实力奉行，一经查出，即可向朝廷参奏严惩。"

长河是历代京城的引水河道，北京城内唯一的御用河道，连接通惠河，助力漕运。明代晚期，长河淤塞。乾隆年间，清廷进行大规模清淤。为巩固成果，朝廷委派专人看护。

道光年间，长河岸边有户人家养了几十只鸭子，晚上放鸭子到长河觅食。巡河人员发现后，把养鸭人送官，罪名是污染御河。

养鸭人坐牢一月。

想必鸭子也充公了，大概成烤鸭了。

运输漕船的军官常自带优越感，会欺压过往船只，故意堵塞河道，不断发生扰民事件。

元代的办法很好。船头、船尾各插一面白旗，旗面上写着军官的名字，这叫亮明身份。旗帜招摇，运河水上和岸上的人知道押船的是什么人，威慑力够强。但也有人不吃这一套，名字高高挂着，照样横行霸道，不急，后面还有系列惩治官员的条文让他们对号入座。

除对漕船官员进行管理外，对夫役，闸坝、河堤、水源，甚至夹带货物都有内容详尽的管理条文。明代王琼的《漕河图志》一书中有一项"漕河禁例"，记录很详细，成为后世制定运河条例的参照范本。

明代对漕船的修理年限做了限制，不同材质要求不同。"松木二年小修、三年大修、五年改造。杉木三年小修、六年大修、十年改造。"

类似于现今的汽车年检，有毛病的汽车做不了年检。不过小修要官兵自己做，只有大修，朝廷才会拨木料。

在运河上，漕船的尺寸是有要求的，为了避免塞船，发生交通事故。就如今天一般，有些道路会限高，限制大车进出。船大了不行，河水浅了也不行。

运河清淤是常规工作。汴河引了黄河水，宋代规定每一两年就要对汴河进行清淤。古人记录河道的深度有智慧，清淤结束，便把石板、石人放到河底，第二年清淤一旦碰到石板、石人，表示清淤的深度到位。

以上列举运河的各种管理条例，除少数有确切的姓名外，其余很难找到姓名，这些管理条例都是集体作品，署名权归属集体。

这些"立法者"或许是都水监、都水司、都水分司各级大大小小的官员，是全国各地的运河技术专家，是以运河为生的船夫、纤夫、水手、舵工，或者就是运河沿岸的老百姓。众人都为保护运河"万古流不绝"做贡献。

新世纪后，对运河的保护日益重视，2012年文化部颁发《大运河遗产保护管理办法》。

从国家层面到地方，相继有各种管理办法和条例颁发，运河的护身符有效、管用。

2020年，《浙江省大运河世界文化遗产保护条例》出台。这是国内第一部关于大运河世界文化遗产保护的省级地方性法规，为浙江省大运河世界文化遗产保护提供了法律依据和法治保障。条例的出台，有利于更好地保护、传承、利用运河。

此部条例出台，背后有无数人为之奔波、奋斗，在此无法逐一列举姓名。

条例草案反复论证，每一条文都经过认真推敲。我曾几次提出增加"大运河文化精神"的内容，运河从诞生到如今，无时无刻不体现出精神，光是克服技术上的困难，就是一种精神。

有专家提出，运河有开天辟地、与时俱进的创新精神，乘风破浪、百折不挠的奋进精神，南北交融、开放多元的传承精神。

大运河的文化精神是运河宝贵的精神财富，是中华民族精神的体现。最终，大运河文化精神得到立法者普遍认同，"推进大运河文化精神的传承和发展"被写入条文中。

从古至今的"立法者"让辉煌的大运河文化精神发扬光大。

第十章

走运河，走运河

每个中国人都需要走一次运河，那就跟着遗产点、博物馆、旅游线、文化带、多媒介走吧。

第一节
跟着遗产点走运河

"祝贺中国！"世界遗产大会主席玛雅萨祝福道。

在卡塔尔首都多哈召开的第38届世界遗产大会上，中国大运河被列入世界文化遗产名录，成为中国第46个世界遗产项目。

2014年6月22日，这一天是运河史上的重要日子，是隋唐大运河、京杭大运河、浙东运河的精彩时刻。

流经北京、天津、河北、山东、河南、安徽、江苏、浙江，穿过35座城市的运河沸腾了，仿佛每一滴水都在诉说运河故事、运河传奇和运河辉煌。

以"中国大运河"名字申报的世界遗产有27座城市，27段总长度1011公里的河道，58处包括水工遗存、附属遗存、相关遗产的遗产点。

各省遗产点分布情况不同：江苏第一，22个；第二名是山东，15个；紧跟其后的是浙江，13个；其余的，河南3个，北京和河北均2个，安徽1个。

桥共7座。浙江最为集中，嘉兴长虹桥、杭州拱宸桥和广济桥、绍兴八字桥。江苏有苏州宝带桥。

不管走在哪座桥上，你定会赞叹，智慧的祖先建造出了让后人惊叹的作品，每一座桥梁都有彪悍的"桥生"。

除此之外，入选遗产点的就是北京西城区的澄清上闸（万宁桥）、东城区的澄清中闸（东不压桥）。这两个遗产点是闸，也是桥，桥闸二合一。

万宁桥和东不压桥不简单。

万宁桥建于1285年。万宁意为"万年永宁，坚固不朽"。万宁桥是北京中轴线和运河文化带交汇的节点，是首都极为珍贵和重要的历史文化地标，最早可追溯至元朝郭守敬从通州到大都城（今北京）积水潭的工程。

万宁桥是漕船进入运河终点的最后一道闸门，是漕船离开积水潭码头必经的第一座桥梁。

万宁桥地理环境特殊，它沟通南北运河交通，促使元大都形成"面朝后市"格局。万宁桥下的客运码头人来人往，各种货物被搬上搬下，商贸自然形成，米面市、缎子市、木器市、珠子市等大小集市遍布，万宁桥一带异常繁华。

你若去万宁桥，不妨把它想象成元代版的《清明上河图》。

河南的遗产点全是粮仓，洛阳含嘉仓遗址、洛阳回洛仓遗址、浚县黎阳仓遗址等。粮食安全是历朝历代帝王的头等大事，"手中有粮，心中不慌"。

隋炀帝把家安在洛阳，粮食却在遥远的南方，漕船运来粮食，得要有地方安放。隋炀帝的"国家粮仓"——洛阳回洛仓长1000米、宽355米，似50个标准足球场，这样的粮仓居然有710座，一个仓窖可存50万斤粮食。

皇宫有粮吃，老百姓也有粮吃。

运河最大的功能是漕运，粮食放哪里，怎么放，有讲究。

如果你到洛阳看牡丹，千万不要忘记去洛阳城外看回洛仓，计算隋炀帝的船队运了多少粮食，见识隋唐大运河的丰功伟绩。也千万不要忘记到洛阳城里看中国最大的古代粮仓——含嘉仓。

如果想看水闸，你一定得去山东。

山东15个遗产点中，闸占8个，阳谷古闸群（荆门上闸、荆门下闸、阿城上闸、阿城下闸）、汶上十里闸、汶上柳林闸、汶上寺前铺闸、微山县利建闸。两个斗门是汶上邢通斗门、汶上徐建口斗门。还有东平戴村坝、汶上南旺枢纽、汶上运河砖砌河堤。

闸、堤、坝、斗门都是水利设施。见这么多的闸、坝、斗门的名字，你定会吃惊。这只是被选入世界遗产名录的闸坝。史料记载，元代时，会通河上有河闸31座。到明清，会通河临清至徐州段，河闸就有50座。

拥有如此众多、密集的闸门，山东段运河有了独特的称谓：

闸河、闸漕。

山东中部丘陵地势高，水位相差大，从南旺湖以北至临清300里，地降90尺，南旺湖以南至夏镇镇口290里，地降116尺。运河船只想通过，只能去爬一个又一个闸。

汽车爬坡开足马力，可冲上山坡。船只过闸没有一踩油门就游起来的节奏，过闸异常艰辛。明时有诗人写了过闸河的情形："一闸走一日，守闸如守鬼。下水顾其前，上水顾其尾。"

明清政府对船只过闸的顺序做出规定，漕船首位，运送时鲜贡品的贡鲜船随后，民船、商船排在最后。但特权社会，贡鲜船往往都与漕船调换顺序。

放闸，船只通行。轮到第二波船只通行，得等到闸内水位足够。蓄水、放水，船只上坡、下坡，循环进行。现代城市会堵车，当时山东运河上堵船的现象也极为常见。

如今见不到堵船，但站在闸河、闸漕面前，运河高超的水利技术会颠覆你的想象。

原来，船只也可以像汽车一般爬上山坡，越驶越高呢。

山东运河，鬼斧神工。

浙江和江苏的遗产点数量多，形态丰富。浙江13个遗产点有桥、闸、码头、纤道、粮仓、会馆、水城门遗址、历史文化街区等。你去杭州、绍兴、宁波、嘉兴、湖州的运河旁，常与诸多世界闻名的遗产点相遇。

如果你到江苏，在运河边随便走走，就会跟遗产点亲密接触。江苏遗产点22个，其中扬州10个、淮安5个、苏州5个。你可以看遍运河遗产点的各种形态，闸、堤、桥、枢纽、盘门、码头、纤道、驿站、行宫、园林、名宅、盐宗庙、漕运公署遗址、历史文化街区都有，会让喜欢运河的人看了还想看，走了还想走，欲罢不能。

附：中国大运河遗产点名单

一、北京市2个

1. 西城区澄清上闸（万宁桥）

2. 东城区澄清中闸（东不压桥）

二、河北省2个

3. 沧州东光谢家坝

4. 衡水景县华家口夯土险工

三、山东15个

5. 临清运河钞关

6—9. 阳谷古闸群：荆门上闸、荆门下闸、阿城上闸、阿城下闸

10. 东平戴村坝

11. 汶上邢通斗门

12. 汶上徐建口斗门

13. 汶上十里闸

14. 汶上柳林闸

15. 汶上寺前铺闸

16. 汶上南旺分水枢纽

17. 汶上南旺分水龙王庙遗址

18. 汶上运河砖砌河堤

19. 微山县利建闸

四、江苏22个

20. 淮安清口枢纽

21. 淮安双金闸

22. 淮安清江大闸

23. 淮安洪泽湖大堤

24. 淮安总督漕运公署遗址

25. 宝应刘堡减水闸

26. 高邮盂城驿

27. 江都邵伯古堤

28. 江都邵伯码头

29. 扬州天宁寺行宫

30. 扬州个园

31. 扬州盐业历史遗迹

32. 扬州汪鲁门宅

33. 扬州盐宗庙

34. 扬州卢绍绪宅

35. 无锡清名桥历史文化街区

36. 苏州盘门

37. 苏州宝带桥

38. 苏州山塘河历史文化街区（含虎丘云岩寺塔）

39. 苏州平江历史文化街区（含全晋会馆）

40. 吴江古纤道

41. 宿迁龙王庙行宫

五、浙江省13个

42. 湖州南浔镇历史文化街区

43. 嘉兴长虹桥

44. 嘉兴长安闸

45. 杭州富义仓

46. 杭州凤山水城门遗址

47. 杭州桥西历史街区

48. 杭州西兴过塘行码头

49. 杭州拱宸桥

50. 杭州广济桥

51. 绍兴八字桥

52. 绍兴八字桥历史街区

53. 绍兴古纤道

54. 宁波庆安会馆

六、河南省3个

55. 洛阳含嘉仓遗址

56. 洛阳回洛仓遗址

57. 浚县黎阳仓遗址

七、安徽省1个

58. 淮北濉溪柳孜运河遗址

第二节

跟着博物馆走运河

5月18日，国际博物馆日。

2022年，国际博物馆日的主题是"博物馆的力量"。中国博物馆数量全球排名第四，每两天就有一座博物馆诞生。

"每一座博物馆都是民族文化基因的宝库。"在博物馆，你会看到鲜活的文物和历史，看到老百姓美好的生活。

文物并不遥远，文物不是冰冷的。

走过多个运河主题博物馆后，你会真切感受博物馆的无穷力量和魅力。2021年6月，扬州中国大运河博物馆开馆。随后，每天有人千里迢迢去赴一场博物馆之约，深读中国大运河的"前世今生"。

"给你一天，还我2500年。"

在扬州中国大运河博物馆一天，世人看尽了中国大运河2500多年的风雨历程，看到了中国大运河的文物保护、科研展陈、社会教育。

国内首座现代化综合性运河主题博物馆，满足了世人对运河历史文化底蕴和时代价值探究的需求。

时空变迁，亚欧丝绸之路、海上贸易通道连接，运河的水工智慧体现，运河给国家管理带来好处，运河对人民美好生活的影响等，"大运河——中国的世界文化遗产"版块向你一一述说。

"因运而生——大运河街肆印象"版块真实地还原运河市井生活，宛如打开了多幅不同时代的《清明上河图》。运河畔，宋代人物穿行在街道上，两旁房屋林立，商店门口布旗飘扬，身旁传来叫卖声、谈价声、欢笑声，历史场景和真实业态让人恍惚，你会问自己是否穿越了。

"运河上的舟楫""运河湿地寻趣""运河迷踪""密室逃脱"等每一个主题展厅让人忘记时光流逝。你只有叹息步履太沉重，跟不上目光的可视范围。

扬州中国大运河博物馆被誉为"运河百科全书"，你去了还想再去。

在杭州，本地人常去中国京杭大运河博物馆。杭州人一直认为，这个博物馆是从武林门码头开始的。码头路旁的青石浮雕上刻了与杭州运河息息相关的重要人物，吴王夫差、秦始皇、隋炀帝、忽必烈、郭守敬、胡雪岩、丁丙、王震元、庞元济，还有提出运河经济愿景的孙中山等。

从武林门码头上船，往博物馆去，在船上看两岸风光，如同在巴黎欣赏塞纳河上各种桥梁下的雕塑，直至古老的拱宸桥。在中国京杭大运河博物馆里，览尽运河的过往和未来。

你也可以白天在中国京杭大运河博物馆，至傍晚闭馆时离开，然后从拱宸桥坐船，在灯光璀璨时阅尽运河不夜天的唯美。从武林门码头上岸，融进繁华都市。

如今，杭州传来好消息，中国京杭大运河博物院项目迎来重大进展，不久，世人将会见到运河保护、传承、利用得更精彩的故事。

高邮名字中就有"邮"字。高邮市的盂城驿是全国规模最大、保存最完好的古代驿站，有中国邮驿"活化石"之誉。盂城驿成了中国唯一的邮驿博物馆。《西游记》里有马神，盂城驿的马神庙里就供奉着马神。

聊城中国运河文化博物馆、淮安运河博物馆、天津陈官屯运河文化博物馆……走进运河边的城市，你常与运河博物馆相逢，会在博物馆里见识神奇物件，听闻奇异往事。

在诸多运河博物馆中，洛阳隋唐大运河博物馆常被世人忽略。隋唐大运河、京杭大运河、浙东运河并立而行，但元代开凿京杭大运河后，隋唐大运河部分河段不再通航，逐渐被遗忘。

假若去古都洛阳，你不要忘记洛阳隋唐大运河博物馆，那座风格独特的古建筑群会为你揭开洛阳与运河千丝万缕的关系，你能了解到隋唐大运河的开凿、繁荣，现今又是如何保护的，还可见到含嘉仓的粮食标本、仓窖模型等。

尘封的文物是会开口跟世人说话的。

是馆应该都有围墙，但在运河沿线还有不做围墙的博物馆。

淮安清口枢纽被称为中国水工历史博物馆，是完全敞开的博物馆。《中国大运河》申报文本对清口枢纽评价是"堪称人类水运水利技术整体的杰出范例"。

文本中的"堪称""整体"等词语大有深意。

清口枢纽的水动力学、水静力学、土力学、水文学、机械学等成果丰硕，调水、分水、平水、防水、排水等建筑科学，河道、闸坝、堤防、疏浚、维护等工程优质。

清口枢纽49平方公里，其中全国文保单位5处，省级25处，市级80多处，另有遗迹、遗存50多处。清口枢纽的遗产是如此密集。

在清口枢纽，你可以找到运河上各种类型的遗产。清口枢纽的遗迹纵横交错，遗迹间互相有关联，精彩迭起。

潘季驯在清口筑堤、束水，他著名的"以水攻沙、蓄清刷黄"理论就在清口得以实践验证。

康熙六次南巡，每次都到清口。康熙不是到清口游玩，他是来现场指导治河的，他随时把运河地图带在身边，用心程度让人吃惊，居然连小处地名也不放过。乾隆六下江南，都到清口一带。乾隆用实际行动向祖父致敬，治河是他南巡的目的。"南巡之事，莫大于河工。"乾隆回忆南巡，对自己如是总结。

　　如果你想亲眼看潘季驯、靳辅、康熙、乾隆如何治理黄河、淮河、运河，清口枢纽是不错的选择。

第三节

跟着旅游线走运河

"这座城市的庄严和秀丽，堪为其他城市之冠。"

在《马可·波罗游记》中，游历中国17年的意大利旅行家马可·波罗如此描绘杭州的繁华。

杭州是国家历史文化名城、京杭大运河最南端的城市。从隋炀帝开通运河至此，一直让人"一忆""再忆""最忆"。杭州提出打造与巴黎塞纳河媲美的世界级旅游品牌，从武林门始发的"运河水上巴士"是其中一个项目。

杭州市民可乘水上巴士去上班，游客则可坐水上巴士游运河，在拱墅段看"天下第一粮仓"富义仓、"运河第一香"香积寺、"江南运河第一桥"拱宸桥、"最后的运河人家"桥西历史文化街区。

如果时间足够，你可在桥西的中国刀剪剑博物馆驻足、体验、感受，也可在拱宸桥再次坐水上巴士北上去塘栖。

塘栖处在江南十大名镇之首，始建于北宋，自元代起商贾云集。塘栖是杭州的北大门，运河穿城而过。

如今虽失去原先的"三十六爿桥""七十二条半弄"的风貌，但广济桥在，郭璞井在，乾隆御碑在，它们都在诉说当年广济桥两岸无比的繁荣和富庶。

石板缝里冒草芽，广济桥上游客众多，美人靠上美人倩影如故，从几个世纪前流传下来的小吃依旧美味。

你走进古色古香的茶馆，喝上一杯清茶，安静地听说书人讲杭州评话，或许你不能完全听懂杭州方言，不过那种氛围会带着你走进运河传奇中。

古镇美食游是不错的选择。如果喜欢吃小龙虾的，就去邵伯古镇，美美地吃一顿邵伯小龙虾、邵伯香肠、邵伯湖鲜。之后，如有人跟你说千年古镇邵伯，你对它的"烟柳繁华地，富贵温柔乡"的名号，必定会有更深一层的解读。

在邵伯，有一件事请别忘记——看邵伯船闸开闸。

各种船只排好队伍等候通行。船闸启动，开始放水，瞬间，水流滚滚，水声如雷。放完水，水面趋于平静，似乎什么事情都没有发生。闸门打开，船队一艘携一艘鱼贯而出。你在岸边，或许有一种热血冲上脑门的感觉，心如潮涌。

如果看一次不过瘾，你也可以去嘉兴市长安古镇，看长安三闸，现场感受古人的智慧，看澳闸是怎么解决通船和保留水位这对突出矛盾的。

运河古镇线路多，运河边的古镇皆可自成路线。浙江的西塘、乌镇、南浔，江苏的周庄、甪直、同里、瓜洲，河南的道口、陈桥驿，天津的杨柳青等古镇都值得一游再游。

如果选运河城市线路游，就无法穷尽。北京、天津、沧州、聊城、济宁、洛阳、开封、郑州、宿州、淮安、扬州、无锡、苏州各自有品牌。浙江的运河品牌地域特色明显，杭州有"最忆是杭州"，嘉兴是"运河水城秀美嘉兴"，湖州定位为"东方莱茵笔墨湖州"，"书藏古今港通天下"是宁波，"老绍兴醉江南"独属绍兴。

"三山万户巷盘曲，百桥千街水纵横。"

你去绍兴看桥吧。绍兴是"万桥之乡"，有桥梁10610座，其中清代古桥600多座。八字桥、光相桥、广宁桥、泗龙桥、太平桥、谢公桥、题扇桥、迎恩桥、拜王桥、接渡桥、融光桥和泾口大桥等古桥名声显赫。

在古桥畔，你会看见运河人家的活态生活。

夜色朦胧，运河两岸灯光倒映水中。从桥边码头走下去，你坐上乌篷船，便可游览你想去的地方，看名士、看书法。

去鲁迅外婆家看一场社戏吧。

水波荡漾，乌篷船上红灯笼映照，穿着戏服的演员走上临水的戏台，《社戏》开始上演。你"远远地看起来"，却"自有他的风致"。

来一点茴香豆和香糕，或是啜一小口绍兴黄酒，听着唱腔多变的越剧，你醉倒在绍兴的水文化、桥文化、酒文化、街市文化、戏曲文化里。

扬州有中国大运河博物馆，也有无围墙的运河博物馆。扬州有两条水上旅游专线，扬州—邵伯—高邮，及扬州至瓜州。至于扬州城内，那就是运河全域游。全域运河游，园林游，美食游，琼花游……不仅烟花三月下扬州，有人全年都愿意下扬州。

运河上，流淌着文学、艺术、民俗、史学等精神文化，沿着这条水道可以找到各种文化交融的痕迹。

绍兴有句广告词，"跟着课本游绍兴"，可以跟着各种文艺类型游运河。

跟着文学作品畅游运河吧。中国四大名著《红楼梦》《水浒传》《三国演义》《西游记》与运河息息相关。"三言两拍"《金瓶梅》《醒世姻缘传》《老残游记》《聊斋志异》或是作者生活在运河畔，或是故事取材于运河边。

爱好美术的，可按图索骥，跟名画游运河，《清明上河图》《姑苏繁华图》《潞河督运图》《运河揽胜图》《南都繁会图卷》《京杭道里图》等，都是绝佳选择。几百年后的今天，你或许还可以寻找到原先的模样。

如果喜欢书法，运河沿线的亭、桥、碑、闸、粮仓、驿站、衙署、庙宇、钞关、会馆、城门、园林、古镇、文化街区都有先辈的书法遗迹。

在运河旅行中，你会与戏剧、雕刻、建筑等各种艺术表现形式邂逅。

那就看遍运河文脉，享受运河文化带来的精神愉悦吧。

第四节
跟着文化带走运河

游运河，跟浙江大运河文化带走。

河为线，城为珠，线串珠，珠带面。

"把杭州段打造成中国大运河文化核心展示区，力争使杭州段在大运河文化带中的地位达到八达岭在长城中的地位一样。" 2019年6月，浙江庄严地做出如是承诺。

你可知八达岭长城的地位？中国万里长城最杰出的代表！

游长城，世人首选八达岭长城。

杭州是南宋都城。这座人间天堂是京杭大运河的起点城市。在大运河文化带上的地位，杭州要达到八达岭在长城的相同位置。

杭州大运河国家文化公园可观、可感、可亲、可触。

因运河而兴的杭州，有江南运河名镇塘栖，拱宸桥运河文化群落，也有多元文化融合的现代运河，繁华商圈武林运河。从武林运河码头出发，走路、跑步、骑行到拱宸桥，沿途可见运河风貌、传统民居，运河记忆、运河美学和运河乡愁俱全。

诗画江南，活力浙江。

西兴古镇是古老水乡民居样本，连接河海、水道和港埠。"上船下船西陵渡。"京杭大运河的货物转运至浙东，浙东的货物运达北京，都要过西陵渡。如今，过塘行建筑群依旧矗立，一眼望千年。

如果寻觅浙东诗路，就从西兴开始。在西兴古街，家国天下和人间烟火共存。

从西兴出发，至宁波、绍兴的浙东运河。

踏过古纤道，坐上乌篷船，品一坛黄酒，看一出越剧，行走在绍兴浙东唐诗之路上，体验古越文化和名士之乡的魅力。

向东是大海，见证"港通天下"的豪迈和气魄。沿着运河一直向东，就到宁波。运河内河航运与外海相接相融，海洋文化与运河文化融通交流，从此走向天涯海角。

从拱宸桥一路向北，可到嘉兴、湖州。

红船起航地与运河文化融合，韵味独特；湖州的"绿水青山就是金山银山"与运河文化交融，又有一番意趣。

2019年2月，中共中央办公厅、国务院办公厅下发《大运河文化保护传承利用规划纲要》。宣传中国形象，展示中华文明，彰显文化自信，全国各地运河城市、运河经过省份都在规划大运河文化带，描绘运河美图。

游运河，沿北京大运河文化带走。

通州是北京城市副中心，正在打造运河文化金名片。通州段运河全长42公里，占北京段运河一半以上。去通州看运河，你可以深度阅读三张"古城"文化标识。

见过通州古城的燃灯塔和南大街"十八个半截"胡同，你对通州的历史记忆会更深刻，古城墙、古城门和护城河一一刻在脑海中。

如果你想知道通州的历史之根和文脉之魂，就去看路县故城，这是我国唯一一座保存完好的汉代县城城址，它直接将通州的建城史推前了2000多年。

码头是运河的特色，张家湾古城有"大运河第一码头"的美誉。作为京杭大运河北端第一个码头，从元代起，张家湾古城成为商业繁华的码头城市，南来北往的客商在此上岸歇息。《红楼梦》中多次提及张家湾，曹雪芹从张家湾出发，最后葬于张家湾，红学者有诸多研究。

济宁，孔孟之乡，运河之都，再现流淌的运河史诗。济宁居"运道之中"，明清时设有河道总督署。京杭大运河穿越全市，留下运河文化遗产59处，相关历史文化遗产84处。

若到济宁，你可以见到与都江堰齐名的南旺分水枢纽水利工程，欣赏自然景观，游走在古建筑群间，也可以去体验运河边的生活习俗。

洛阳，全面建成璀璨的大运河文化带；临清，打造大运河文化带重要节点城市；沧州，大运河景观带成为城市文化新地标；德州，擦亮大运河文化带的"德州名片"……

为了让大运河文化带变得更璀璨，每座运河城市都拿出各自的绝活。

江苏段运河纵贯南北约790公里，325公里被列入世界文化遗产河段，占中国大运河遗产河段三分之一。

游运河，跟江苏大运河文化带走。

从北往南，江苏段大运河流经8个设区市，徐州、宿迁、淮安、扬州、镇江、常州、无锡、苏州，连接37个县（市、区），全省13个设区市都纳进大运河文化带建设。

江苏运河沿线的国家历史文化名城、名镇、名村有54个，每走进其中一个，你就能真实体验江海文化、海洋文化、吴越文化、楚汉文化、金陵文化、淮扬文化等地域文化特色。漕运文化、盐业文化、园林文化让人一读再读，看了又看。淮安运河之都、扬州运河原点城市、苏州姑苏繁华，文化带的"运河牌"各自精彩。

跟着文化带游览运河城市，欣赏运河精品景点。

苏州打造"运河十景"，建设大运河文化带"最精彩一段"。

在吴门望亭，你深入探究稻作文化、良渚文化、崧泽文化、古驿文化，想象白居易"灯火穿村市，笙歌上驿楼"的繁华景象。

去浒墅关、虎丘塔，去枫桥夜泊，倾听张继的"愁眠"，游览名满天下的寒山寺，走进枫桥的米市，一睹全国度量器具标准"枫斛"的风采。再去平江古巷、水陆盘门、横塘驿站、宝带桥、石湖五堤、平望·四河汇集，聆听一个故事，探索一段文化。

运河十景，景景有历史，有未来。

第五节

跟着多媒介走运河

远景、中景、近景，屏幕上出现巨幅地图，浙东运河、隋唐大运河、京杭大运河显现。

霞光之下，杭州拱宸桥沧桑和柔美共存。坐着虚拟之船从桥洞下穿过，在波光中，你似乎生出了双翼，贴着运河水面自在地向前飞翔。

没过多久，你就看到桥侧长满青草的苏州吴门桥。继续前行，无锡清名桥就在眼前。过了常州东坡公园，著名的镇江金山寺到了。船匀速前行，漫天飞舞的桃花中现出扬州文峰塔。此时，视野开阔，船只不停地从淮安水上立交通过。微波浩渺，宿迁运河气势非凡。

在徐州宝湾古镇闻酱香，在济宁南旺戴村坝听龙腾虎啸，在沧州白洋淀看盛开的荷花。船到夜色下的天津三岔口，再往北京，你看到白浮泉，岸边水草随波浪轻轻摇曳。

到洛阳，你看回洛仓。在淮北，见隋堤烟柳。在绍兴，你看古纤道。到宁波，你见三江口。直至运河入海口，海上丝绸之路起始地。

站在扬州中国大运河博物馆展厅特制的屏幕前，你的身和心都在游运河。短短几十分钟，你坐的虚拟之船穿遍运河，见到运河沿线城市最具特色的文化地标、风土人情。

游人长久驻足，不愿离开，屏幕上的图片循环播放，他们便反复观看。

在运河博览会上，常有关于"5G大运河"的展览，不出意外，都深受观众喜爱。VR镜头、3D视频，能带观众到达每一座运河城市，每一个运河现场。

杭州的主题公园宋城有一句广告词："给我一天，还你千年。"用上5G、AR、VR等新媒体技术，就没有时间和空间的限制，不用一天，只要一小时甚至更短的时间即可见运河的前世今生、名城、街区、漕运、桥梁、闸坝、非遗、生活、文学艺术。"给我一小时，还你数千年"。

运河出生至今已走过2500多个春秋，文字详细地记录了运河故事。运河的政治、经济、文化、生态，运河诞生、成长、青春、羸弱、焕发生机，运河有形、无形的遗产，运河途经的35座城市，运河畔的乡镇、村居，运河上形形色色的人，皆有文字表述。

中国大运河与世界运河的交流、碰撞，也不乏新闻报道、文学作品和理论文章。

中国人用最大的热忱，讴歌这条与中国命运息息相关的河流，与它同喜同悲。

你可以从海量的文字中了解运河、熟悉运河，触碰运河的神经末梢，体验运河的魅力，甚至是魔力，你会情不自禁地走向运河，成为保护运河的重要力量。

与运河相识，你便会遇见多样的运河文艺作品，运河电影、运河电视剧、运河纪录片、运河动画片。

最多的是运河纪录片，《中国大运河》《京杭大运河》《运河之旅》《我与大运河》《大运河》《美丽中国我的大运河》《大运河之歌》《沿着运河看中国》《运河百家》……

大地史歌、运河上的帝国、巧夺天工、千年漕运、南来北往、城市脐带、世界的大运河、未完的工程，每一个标题都让人充满期待。

智慧的人民，古老的运河、伟大的水利工程、中国与世界的交流，运河文化、运河经济、运河文明史逐一展示，流淌2500多年的运河水升华了中国人的人文精神。

也有从小处入手的，就书写运河两岸百姓的日常生活，"我"与运河的关系，"你"与运河千丝万缕的羁绊，"他"在运河中的生活。

关于运河的纪录片，不管谁拍，集数多少，这些作品都记录了运河文化和运河文明。

千年的运河孕育了吴越、江淮、荆楚、齐鲁、燕赵、秦晋等众多地域文化，连接古今文明。

运河景、运河事、运河人、运河情，你见证中国人"保护好、传承好、利用好"运河的实践。

运河电影不多，这与运河承载的庞大时空体量有关，要叙述的精彩内容实在太多，谁敢保证两个小时能展示出运河的精髓和传奇？

不过2018年，运河申遗牵头城市扬州举办了首届运河主题国际微电影展。参展影片1800多部，有微电影、短视频、纪录片、专题片等，题材有历史、剧情、传记、公益、情感等，100多部作品入围终评。

以运河为背景的电视剧不鲜见。电视剧《运河风流》就尽显"运河风流"，此剧讲述民国初期山东"济宁三杰"的个人际遇与家族命运的故事。济宁运河是故事发生地，运河是各式人物谋生的场所，也是精神寄托的港湾。修河、祭河神，大码头、船帮文化，运河商业、漕运兴衰，故事因河而起，因河而变。壮阔的历史风云、厚重的家国情怀和英勇的运河儿女，尽在穿城而过的运河中再现。

跟着多媒介走运河，你可看动画片《大运河奇缘》。这是国内首部运河文化主题动画片，讲述运河边长大的小女孩保护运河的故事，涉及运河历史、经典事件和典故人物，其中运河的历史和变迁恢宏，运河文化图景生动……还有很多，你想看哪部？

　　慢慢走，欣赏啊！

附录

中国大运河画像

姓名：中国大运河。

英文名：The Grand Canal of China。

家庭成员：隋唐大运河、京杭大运河、浙东运河。

长度：隋唐大运河2700余公里，京杭大运河约1794公里，浙东运河239公里。

年龄：公元前486年出生，2500多岁。

类别：水利工程。

重要意义：促进国家统一、政权稳定、经济繁荣、文化交流、科技创新、中华文明发展。

经纬度：跨地球10多个纬度。

走向：自北向南。

穿过水系：海河、黄河、淮河、长江、钱塘江。

跨越地域：北京、天津、河北、山东、河南、安徽、江苏、浙江。

沿线城市：杭州、苏州、扬州、淮安、济宁、洛阳、天津、北京等35座城市。

语言：从软糯吴音到大京片子。

特产：水、桥、闸、坝、码头、驿站、纤道、粮仓等。

美景：从西湖波光粼粼到故宫紫气东来。

文化符号：《清明上河图》《漕河图志》《枫桥夜泊》、越剧、昆剧、京剧、评弹、年画等。

饮食特点：八大菜系全覆盖。

创作者：中国古代劳动人民。

重要历史人物：夫差、隋炀帝、忽必烈、郭守敬、苏轼、宋礼、白英、潘季驯、康熙、乾隆等。

保护神：《大运河文化保护传承利用规划纲要》《大运河遗产保护管理办法》《浙江省大运河世界文化遗产保护条例》《河北省大运河文化遗产保护利用条例》《江苏省人大常委会关于促进大运河文化带建设的决定》等。

世界排名：最长的运河、开凿最早的运河、规模最大的运河。

世界运河家族兄弟：伊利运河、阿尔贝特运河、苏伊士运河、莫斯科运河、伏尔加河-顿河运河、基尔运河、约塔运河、巴拿马运河、曼彻斯特运河等。

荣誉：2014年6月22日，在第38届世界遗产大会上，中国大运河被列入世界遗产名录，其中城市27座，河道27段，遗产点58处，总长度1011公里。

禁忌：淤塞、破坏、污染、闲置。

后记

我自小生活在浙江瑞安的飞云江畔，看江水、吹江风于我是一种享受。到杭州工作后，我再次选择在水边安家，住到了钱塘江边。

看钱塘江水，也看运河水。

常在春日的午后，我从杭州武林门出发，一路向北。运河两岸杨柳依依、桃花灼灼，亭、台、楼、阁、桥穿插其中。立于拱宸桥上，看桥西老房和桥东高楼。

从浙东运河、京杭大运河边经过，我常好奇2500多岁的运河有哪些故事，运河需要什么样的保护、传承和利用？

在浙江省第十三届人大会议期间，我领衔提出《关于制定〈浙江省大运河世界文化遗产保护条例〉的议案》。后来，我随《浙江省大运河世界文化遗产保护条例》立法小组，去各地考察运河保护情况。

我遇见了桥、闸、堤、盘门、码头、纤道、粮仓、会馆、驿站、行宫、园林、名宅、枢纽、盐宗庙、漕运公署遗址、历史文化街区……运河建筑群让我见到一个神奇的世界。

立法小组多位专家建议我写大运河，写中国人的运河故事，助力浙江省大运河世界文化遗产保护。

四年创作，我在浙江、江苏、天津、北京等几十座运河城市行走，沿着运河遗产点，深入现场探访，将实景与史料结合，挖掘运河尘封的历史。

智慧的人民，古老的运河，伟大的水利建筑，运河文化，运河经济，运河文明史，中国与世界的交流、中国人的人文精神……运河承载的时空体量庞大，需要叙述的精彩内容浩繁，2500多年的故事写不完。

一本小书如何展示运河的精髓和传奇？

《运河2500年》只截取运河的关键事件，以散文笔法，书写人民的运河、伟大的运河。

感谢《浙江省大运河世界文化遗产保护条例》立法小组专家指导，浙江人民美术出版社邀请出版，刘亮程、陆春祥、苏沧桑、沈苇、鲁引弓、朱晓军、周一贯等著名作家、教育家倾情推荐。

沈小玲

2023年10月1日

图书在版编目（CIP）数据

运河2500年 / 沈小玲著 ；宴鸟绘. -- 杭州 ：浙江
人民美术出版社，2024.1（2024.10重印）
ISBN 978-7-5340-7318-2

Ⅰ．①运… Ⅱ．①沈… ②宴… Ⅲ．①人运河－文化
史 Ⅳ．①K928.42

中国国家版本馆CIP数据核字(2023)第205298号

责任编辑：徐欢辉
责任校对：胡晔雯
责任印制：陈柏荣
装帧设计：刘　金

运河2500年

沈小玲　著　宴　鸟　绘

出版发行：浙江人民美术出版社
　　　　　（杭州市环城北路177号）
经　　销：全国各地新华书店
制　　版：杭州真凯文化艺术有限公司
印　　刷：杭州日报报业集团盛元印务有限公司
版　　次：2024年1月第1版
印　　次：2024年10月第4次印刷
开　　本：889mm×1194mm　1/32
印　　张：8.5
字　　数：200千字
书　　号：ISBN 978-7-5340-7318-2
定　　价：35.00元

如发现印装质量问题，影响阅读，请与出版社营销部联系调换。